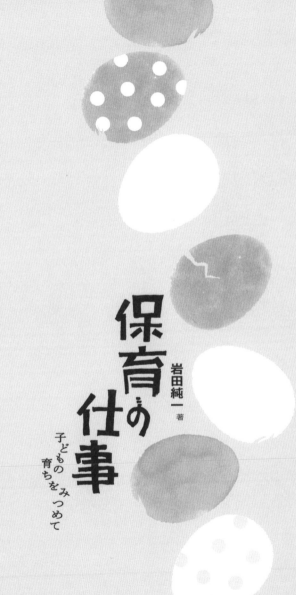

保育の仕事

子どもの育ちをみつめて

岩田純一 著

金子書房

はじめに

就学前の時期は、知・情・意といった人格的な土台が形成される大切な時期です。その大切な時期の保育を担うのは主として家庭ですが、それに劣らず子どもが多くの時間を過ごす保育所や幼稚園という場での経験も大切になってきます。子どもたちが集団で生活する保育所や幼稚園は、家庭とは違った、家庭にはない役割を子どもの育ちに果たすことになります。また、そのような役割を期待もされているのです。そこで、子どもの育ちを支援していく保育者の果たす役割は大きなものになってきます。

それでは、保育者はどのような役割を果たすことになるのでしょうか。また、どのような役割が保育者に期待されているのでしょうか。一体、保育とはどのような仕事なのでしょうか。これらのことがらについて、発達心理学的な観点に立ちながら、筆者なりに考えてみたいと思います。

ところで現場では、幼児の「保育」とならんで「教育」という語も使われます。わが国では、文部科学省所管の幼稚園では教育、厚生労働省が所管する保育所は保育をするところといった区分けがなされています。同じ子どもでありながら、所轄官庁の違いによって、制度上は異なる扱いがなされることになっています。それでは、そこで区別的に使用される保育と教育はどのように違うのでしょうか。幼稚園教育要領と保育所保育指針を読むとき、両者間で「保育」「教育」という概念における整合性はあるのでしょうか。はたして「保育」と「教育」はどのような関係にあるのでしょうか。それらのことがらについて考えてみたのが1章です。

幼稚園であれ保育所（園）であれ、保育者は子どもの育ちに大きな影響を及ぼします。だからこそ、保育において子どもの育ちに相応《ふさわ》しいかかわりが求められるのです。そのためには、現在の子どもの育ちの状態、子どもの発達の筋道をしっかり押さえておく必要があります。また、子どもの保育は、園のなかだけに閉じて行われるものではありません。保育においては、家庭や地域社会や関係機関との連携も大切になってきます。園や保育者は、いかにそれらと連携していくかということも課題になります。つぎの2章では、子どもの育ちに相応しい保育を積み上げていくことの重要性、そして、子どもの育ちに関連してくると思える園外との連携のあり方などについて考えてみました。

子どもの育ちにとって、家庭におけるしつけは重要になってきます。しかし、集団生活の保育の場におけるしつけもそれに劣らず大切になります。他児と一緒の集団生活におけるしつけは、社会的な規範意識を培うよい機会ともなります。それでは、他児と共同の生活のなかで、どのように子どもの規範意識は育っていくのでしょうか。また、保育者によるしつけの過程において、どのような保育上の留意ポイントがあるのでしょうか。3章では、そのような問題について考えてみました。

保育所であれ幼稚園であれ、そこで、いかに子どもに豊かな体験をさせるかは保育の主要な課題になります。そのような体験の場から、子どもはさまざまなことを学んでいくことになるからです。その際、子どもへ豊かな体験を準備し、与えていくのに保育者が中心的な役割を果たします。それでは保育者はどのような役割を果たしているのでしょうか。また、子どもにとって豊かな体験とはどのような体験のことをいうのでしょうか。ところで体験の類義語として「経験」という語がありますが、4章では、「体験」と「経験」という用語の違いを手がかりとしながら、上記のような問題を考えてみたいと思います。

保育の場は、元来、子どもの育っていく力を引き出し、支援していく臨床的な場ともいえます。近年、保育の場においても、集団のなかで「生きづらさ」を抱えた、特別な支援を必要とする発達障害と思われる子どもが増えてきたといわれます。保育者にとっては、クラス運営上、難しい統合保育の課題に直面させられます。そこにおいて必要とされる特別な支援とは何なのか、保育者はそのような子どもたちにどのように対処していけばいいのかを考えなければならないのです。じつは、この特別な支援の要点が一般的な保育支援にもつながります。5章では、そのような諸問題を論じながら、統合保育の意義などについても触れています。

幼児期の教育的なねらいとして幼稚園教育要綱では5領域があげられています。そのうちの一つに「言葉」の領域があります。昨今、子どものコミュニケーション能力の低下が声高に叫ばれています。考えてみると、保育者と子ども、子ども同士の関係もことばでの伝え合いを通して形成されていきます。その意味で、「話す」「聞く」といったことばの力を育む教育は、とくに大切な保育のねらいになってきます。そこで、ことばを構造と機能という面に分け、構造面ではことば遊び、機能面では比喩表現を例にとりあげながら幼児の言語教育のあり方を考えてみたのが6章です。

専門職としての保育者には保育のなかで、子どもへのどのような姿勢が求められるのでしょうか。それは、一見矛盾するような二つの能力だと思います。一つは、子どもへの距離をかぎりなくゼロにしてかかわる能力です。これには子どもの身になる、同じ目線に立つといった、子どもへの共感力が求められます。しかし他方では、子どもを客観的・分析的にみるといった子どもとの距離をとってながめる力が必要です。それは、自らの保育を対象として分析的にみるということにもつながります。前者は、子ども好きならそれほど難しくないかもしれませんが、この後者の力は養っていく必要があると思います。その有効な手立ての一つとして、保育のエピソード記録をとることがあげられるでしょう。7章では、保育者が保育の力量を磨いて

はじめに

いく契機となるエピソード記録の意義について述べています。

保育者はクラスの子どもたちを束ね、子どもたちの関係をつくり、それぞれの子どもの育ちを支援していく大切な人的環境の役割を果たします。しかし保育者はもう一つ、子どもが育つ物理的な環境を作り出す役割も果たすのです。この環境が、じつは子どもの行動や育ちに大きな影響を与えていくのです。その意味から、保育者は子どもが育つ環境の設定や構成をつかさどっていく中心的な役割を果たすのです。最後の8章では、このような保育の環境について考えます。

以上のように、本書は1章から8章にわたって成っています。各章の内容は、共通して、子どもの育ちを見据えながら、保育という仕事をさまざまな角度から考えてみたものです。その意味では、これらは「保育（者）論」にもなっています。したがって本書が、保育の研究者だけでなく、いま最前線で保育に携わって活躍する保育者、保育という職業に関心を抱きこれから保育者になることをめざす学生、さらに保育に関心をもたれるご家庭のお母さん方にも幅広く読まれることを願っています。

目　次

装幀　岡田真理子

1章

保育とは

1 はじめに

幼稚園で行うのは「教育」、保育所は「保育」と行政的には区別されています。しかし現場では、それほど厳密に意識しないまま両方の言葉が使われています。幼稚園の現場でも保育という用語が使われるし、〈保育をする〉といった表現も一般的に使われます。それら正式の職名は幼稚園教諭、保育士とそれぞれ異なりますが、一般的には両者とも共通に保育者と呼ばれています。

しかし他方ではやはり、行政的に幼稚園が保育所と区別されるとき、幼稚園教育といった言葉も使われます。それでは、その「教育」と「保育」はどこがどのように違うのでしょうか。

2 幼稚園と保育所

なぜ幼児期には教育と保育ということばが区別的に使われるのでしょうか。ご存知のように、わが国には制度として幼稚園と保育所があります。幼稚園は文部科学省が所管し、学校教育法により教育施設（学校）として位置づけられています。しかし他方の保育所（園）は、厚生労働省による管轄となり、児童福祉法で児童福祉施設として位置づけられているのです。その所轄の違いもあって、「幼稚園は教育」「保育所は子守り」といった世間的なイメージがいまだに根強く残っています。一昔前には、幼稚園は教育のための施設というのに対して、保育所は子守りをしてくれる施設であると揶揄されたこともありました。これには、保育所が〈保育に欠ける子ども〉を預かる養護的なニュアンスを強くもつ施設として発足した経緯に一因があるように思います。また、子どもを預かっている時間の長さ、三歳未満児から預かっているという事情や、四年制大学で資格を取得する幼稚園教諭に比べ、保育士資格が短期大学か専門学校の二年過程で得られるといったところにも、その遠因があったようにも思います。

ところで、一般に三歳から五歳クラス児まで在園する幼稚園は、学校教育法で学校の範囲に含められ、したがって、そこで行なわれるのは幼児教育ということになります。幼稚園教育要領では、幼稚園修了までに達成すべきねらいと内容が（教科のごとく）「健康」「人間関係」「環境」「言葉」「表現」からなる5領域として定められています。幼稚園教育要領では、「保育」という言葉が巧みに排除されており、園での活動は「教育」「教育活動」「教育課程」「教育時間」といった表現がとられています。近年、保護者からの要望もあり、幼稚園でも通常の教育時間外の子どもを預かるところが増えています。いわゆる預かり保育のことですが、そこでも「保育」という言葉は避けられ、「教育課程に係わる教育時間の終了後等に行なう教育活動」とされています。あくまで教育活動の一環なのです。ちなみに平成二十一年に文部科学省から出された「幼稚園における子育て支援活動及び預かり保育の事例集」におけるタイトルには〈保育〉という言葉が使われています。しかし、そのなかではやはり「預かり保育は教育活動であること」「教育活動として適切な活動となるよう一定のねらいをもち……」のように記述されています。また、学校教育法の第22条には「幼稚園は、義務教育及びその後の教育の基礎を培うものとして、幼児を保育（筆者による傍点）し、幼児の健やかな成長のために適当な環境を与えて、その心身の発達を助長することを目的とする」とあり、さらに園長、教頭、教諭らの職務を定めた第27条には「幼児の保育をつかさどる」と明記されています。いずれも、「保育」という言葉を排除しきれず苦しいところです。

しからば、「保育」とは何を指しているのでしょうか？　幼稚園教育要領では「保育」という表現が慎重に避けられていますが、その保育は教育とどのように違うのでしょうか。

保育所では、幼稚園教育要領に対応する保育所保育指針が厚生労働省によって定められています。その最初に、保育所の位置づけとして、〈保育〉に欠ける子どもの保育を行う施設と述べられています。この保育所保育指針では、幼稚園教育要領とは対照的に、保育指針という名前の通り「保育」という言葉が、「教育」に代わって「保育の目標」「保育課程」「保育の計画」「保育時間」のように使われています。それでは、そこで保育というものは、どのように定義されているのでしょうか。保育所指針にいう保育のねらいや内容は、子どもの生命の保持及び情緒の安定を図るための「養護に関わるねらい及び内容」と、子どもが健やかに成長し、その活動がより豊かに展開されるための「教育に関わるねらい及び内容」の二本柱からなっています。そして、後者の教育に関わるねらいや内容に関しては、幼稚園教育要領に準拠するものとして位置づけられ、同じように5領域に分けてねらいとして定められているのです。

このように保育指針では、保育所が子どもの養護だけを担うのではなく、実質は幼稚園教育要領に準拠した教育の機能を果たすことになっています。保育所でも幼稚園教育と同じような教育的なねらいや内容を共有しているのです。

しかしながら法制上、学校教育法に立脚しない保育所において行う教育的な内容は、学校教育法で規定されている幼稚園での教育とは区別されることになるのです。すなわち、学校教育法と児童福祉法の違いによって、保育指針のいう教育とは〈学校教育を除く教育〉という意味になってしまいます。したがって保育所で行われる教育は、幼稚園と実質的には同じような内容が、教育課程ではなく保育課程という別の名前で呼ばれることになってしまうのです。幼稚園教育に準拠したねらい及び内容をもった教育が、保育所では学校教育ではないことになるのです。理屈の上ではそうなるにしても実感としてはまったくおかしなことです。〈学校教育を除く教育〉とは果たして何なのでしょうか。同じような内容が、一方では〈学校教育〉となり、他方では〈学校教育を除く教育〉となるのです。幼稚園と保育所の所管に伴う法制上の違いがあるとはいえ、それによって生じるこのような区別には思わず首をひねりたくなります。

このように保育所の「保育」とは、養護と教育から成り立っているのです。保育所では、養護及び教育を保育として一体的に行うことをねらいとしていることになります。すなわち、保育というのは養護と教育の側面を一体化したものとしてとらえられているようにみえます。その論法からすると、幼稚園は、表面上、保育指針における「保育」のなかの教育的な側面だけを扱っていることになってしまいます。

3 保育とは

まず筆者の立場や考えを先に述べておきます。幼稚園であれ、保育所であれ、いずれにあっても、そこで行われている行為は「保育」だと思います。そして保育指針が述べるように、養護と教育的な側面が一体的に含みこまれているものが保育を成り立たせていると思います。

具体的な例をあげてみましょう。たとえば、衝動的で興奮すると自分をコントロールすることが難しい子どもがいるとしましょう。保育者はそのような子どもにどのようにかかわるでしょうか。子どもがそのような興奮状態になったとき、まず本人やまわりの子どもの安全を考え、まずその子どもの興奮を鎮めようとします。その際に、興奮が鎮まるように抱きかかえるとか、興奮を鎮め自己の行動抑制を支えるような働きかけや言葉かけなどもするでしょう。興奮が収まった際には、言い聞かせるとか、今度もしも同じような状況になったらどうするかのお約束もするでしょう。また日頃からも、子どもには衝動的な行動の抑制を促し励ますような働きかけを心に留めます。

つぎは一歳児を例にあげてみてみましょう。一歳児でも物や場所の取り合いがみられ、他児がもっているものを奪いとろうとします。そのとき、まだ言語表現が十分にできない一歳児には他児にかみつくといった行為がよくみられます。ときに、他児への強い関心が噛むといったかかわり方でなされることもあります。あいさつ代わりに噛むといったこともみられるのです。まさに、ことばより先に手や口のほうが先に出てしまうのです。保育者は安全管理のため、そのような子どもの行為に注意を配ったり、また噛むという行為が起きないように、おもちゃの数を増やしたりもするでしょう。そうはしても、もし他児にかみついたときには、「噛んだらだめよ！」と叱り、ときには抱っこしながら子どもにもわかるように言い聞かせたりします。

このようなごく普通にみられる保育者の働きかけは、一体、養護なのでしょうか、教育なのでしょうか。たしかに本人やまわりの子どもの安全を確保するために気を配るのは「養護」的な側面ですが、子どもに叱ったり言い聞かせたりしながら、自己の行動をいかにコントロールするかということを教え、そのような行動を援助するのは「教育」的な側面といえます。このように、実際の保育にあっては「養護」と「教育」が分かち難く含み込まれているのです。もちろん場面や状況によってはどちらかの側面にウエイトがおかれるとしても、保育とは何がしかの形で両側面が一体的に絡みついたものなのです。そこでは、養護的と思うかかわりが教育的な意味をもち、教育的と思われるかかわりが養護的な意味をもってもくるのです。

先述のように、〈学校教育を除く教育〉というわからなさはあるものの、保育所は養護及び教育を一体的に行う施設として位置づけられています。そこは賛同するところです。しかしながら現行の保育指針をみると、一体的というより、どうも〇～二歳児には養護（健康、安全、情緒）が、（幼稚園の在園児の年齢に相当する）三歳以上児には教育にかかわる保育が念頭におかれているように思えます。三歳未満児では、教育というより、家庭に替わっての養護的な側面にどうしてもウエイトが置かれることになるからでしょうか。しかし既述したように、そこに教育の側面がないかといえば、そんなことはないのです。三歳未満児のための教育遊具や環境の設定、保育のなかでのしつけや働きかけ（子どもへの言葉かけや応答）は、それこそ満三歳児以降の教育的なねらい、いわゆる「健康」「環境」「言葉」「人間関係」「表現」それぞれの領域における育ちへとつながっていく重要な教育的な意義（ねらい）をもっているはずなのです。

保育が養護と教育を一体的に行うものであると言いながら、現行の保育指針では、上述のように、満三歳児を境に、それまでは養護、以降は教育として保育の内容やねらいが区分けして考えられているようにみえてしまいます。そこでは、〇歳から三歳未満児までは養護であり、三歳児から五歳児までは教育というイメージで記述されており、〇歳から三歳児までの教育的なねらいや内容、三歳から五歳児までの養護的なねらいや内容が明確にされておらず、やはり〇歳から五歳児までの教育と養護の一体的な関係性が明らかにされていないように思えます。

もし教育と養護が一体的というなら、三歳未満児の教育的なねらい及び内容、三歳以上児でもその養護的なねらい及び内容をそれぞれ一体的に述べることが必要になってくるでしょう。すなわち、三歳未満児の養護と一体的に行う教育のねらいや内容、三歳児以降の教育と一体的な養護のねらいや内容が明確化されるべきです。もちろん、三歳未満児における教育的なねらいや内容は三歳以上児のそれとは違ってくるでしょうし、逆に養護的なねらいや内容は三歳未満児と三歳以上児では違ってくると思います。繰り返しになりますが、もし保育が一体的であるとするならば、〇歳児から五歳児にわたって、そのような養護と教育の一体的な関係性に言及しておくことが必要になるように思います。

ちなみに、かつての保育指針には六か月未満、六か月から一歳三か月、一歳三か月から二歳未満、二歳児、三歳児、四歳児、五歳児、六歳児といった生活年齢の区切りで、それぞれの時期の発達的な特徴とともに、保育の内容として養護と教育の両側面がていねいに、より一体的に書き込まれていました。その意味では、過去の保育所保育指針のほうが、〇歳から五歳児クラスまで、保育の一体性を意識して書き込まれていたように思います。もちろん三歳児以降の教育的内容に関しては、幼稚園指導要領に準拠して5領域に分けられて明記されています。

たしかに、そのような年齢ごとの細かい育ちの内容やねらいの設定は、保育者にとっては保育〈年齢ごとのカリキュラムを立てる際〉に役立つ目安として便利なものでした。しかし、一方では個人差のある子どもの育ち、子どもへの保育をあまりにも細かく縛ってしまう基準枠組みになってもしまうというデメリットも指摘されます。したがって、そこまで細かくしなくとも、三歳未満児と三歳以上児の二段階くらいに分けて、それぞれの年齢幅における〈養護と教育が一体となった〉保育内容や達成することをめざすねらいを明記し、さらに三歳未満児と三歳以上児との保育内容やねらいの相互の関係性を述べるべきだと思います。

ふたたび話を戻しましょう。同じように、三歳以上児だけの幼稚園でも養護的な側面がまったくないということはありえないのです。その証左に、幼稚園教育要領やその解説書のなかには「幼稚園教育の目標」「安全に関する指導」などが項目としてあり、そこには〈健康・安全・情緒〉という養護的な側面への配慮にも少し触れられています。たしかに配慮事項としては触れられているものの、保育指針のように養護的な保育のねらいとしては明確にされていないのです。

保育所、幼稚園によって在園時間の長短はあるものの、そこでは養護と教育が就学前まで、一体的に分かち難い保育営為として行われる施設なのです。その意味で、幼稚園では教育だけ、保育所では三歳未満児は養護、三歳以上児は（学校教育を除く）教育といった、幼稚園教育要領や保育所保育指針の記述には、いずれも改善の余地を感じます。

4 幼保一元化の議論

幼稚園と保育所では管轄所管が文部科学省（旧文部省）と厚生労働省（旧厚生省）と異なるため、両者の間で、保育と教育をめぐる考え方に混乱がみられます。同じ子どもでありながら、その管轄によって子どもの扱い方に違いが生じるかのようにみえることは奇妙なことです。幼稚園も保育所も、基本的に同じ保育をめざして行っているのです。したがって、幼稚園と保育所を組織として一つの入り口にするべきだという「幼保一元化」の議論は、それが実現することなく昔から今まで繰り返し行われてきました。

近年、就労女性の増加などにより保育所等に入れない待機児童が社会的な問題となってきました。とくに大都市圏ではそうです。そこで、保育所と幼稚園が結びついたような施設（認定こども園）をつくり、待機児童の問題を解決しようする政策的な動きが起こり、平成十八年に認定こども園法が誕生したわけです。まず図1－1（普光院、二〇〇七）をごらんください。

認定子ども園には、幼保連携型、幼稚園型、保育所型、地方裁量型の類型があります。それらを一言で表現するなら、幼稚園の保育所化、保育園の幼稚園化ということをめざすことになるでしょうか。

それらの類型のうち一つをたとえとしてあげてみましょう。幼保連携型こども園とは、幼稚園と保育所が両方とも認可されている併合施設です。図1－1のように、それには二つのタイプがあります。具体的には、認可された幼稚園と保育所が並列的に存在している場合（並列型）であり、保育所では〇歳児から五歳児までを、幼稚園では三歳児から五歳児までを預かります。そこでは実際の保育に関して、午前中の三歳以上児については一緒の合同保育をするところが多いようです。もう一つの形態は幼稚園と保育所が垂直的に存在し、〇歳児から二歳児までは保育所に通い、三歳児から五歳児までは幼稚園に通うといった、年齢区分による垂直型の施設の場合です。

それらは施設としては両者を併合しますが、学校教育法と児童福祉法という法制度にのっ

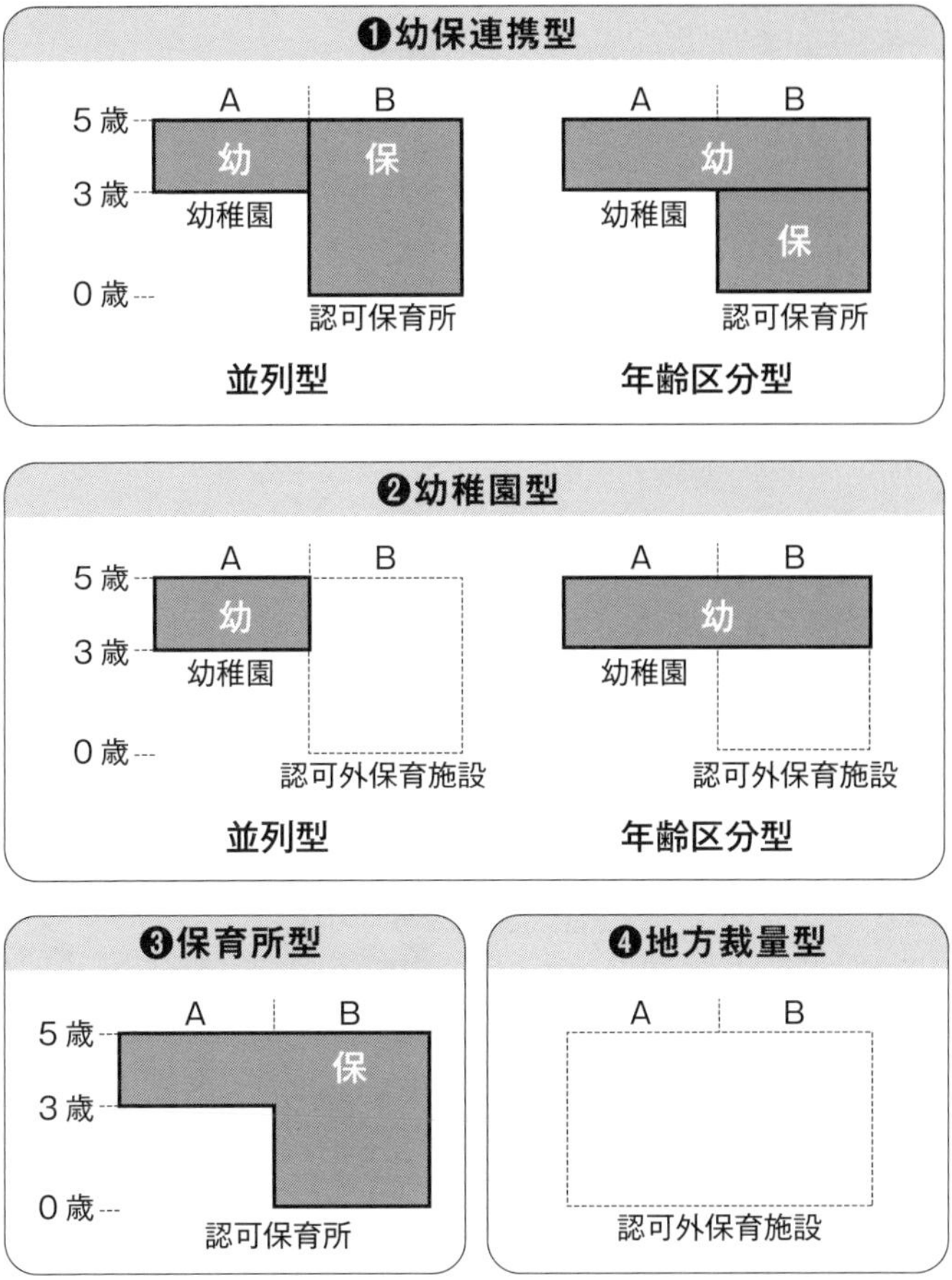

図１－１　認定こども園の類型（普光院，2007）

保育者の就労などで保育を必要とする（保育に欠ける）子どもはB、それ以外はA
は「認可」部分（国の補助金がある）、は「認可外」部分（国の補助金がない）、「幼」は幼稚園児としての補助金を受ける部分、「保」は保育園児としての補助金を受ける部分とって、それぞれが文部科学省、厚生労働省の認可・指導監督を必要とするのです。なかみは従来のように二重行政のままです。したがって、そこには保育所所長と幼稚園園長がいることになります。これらをみると、まさに、施設として幼稚園と保育所をたんにつなげた（接木をした）だけといった印象を受けてしまいます。

5 新たな幼保連携型認定こども園

今回、従来のこども園法の改正によって、図1－2のように単一の認可によってこの二重行政を一本化し、単一の組織化をめざす新たな幼保連携型認定こども園の設立が可能となりました。そこでは、形態上はこども園の認可や指導監督・財政措置などの一本化がキーワードとなっています。そして、組織は一人の園長からなります。しかしながら、それを管轄する単一の省庁ができたわけではありません。後述するようにその背後には、やはりそれぞれ文部科学省と厚生労働省があり、二つの省の連携という形態の下に成り立っています。

ところで、長時間児（保育所児）と短時間児（幼稚園児）が同時に在園する現行の認定こども園では、図1－1のようにこども園の形態によって違いはあるものの、三歳未満児はもちろ

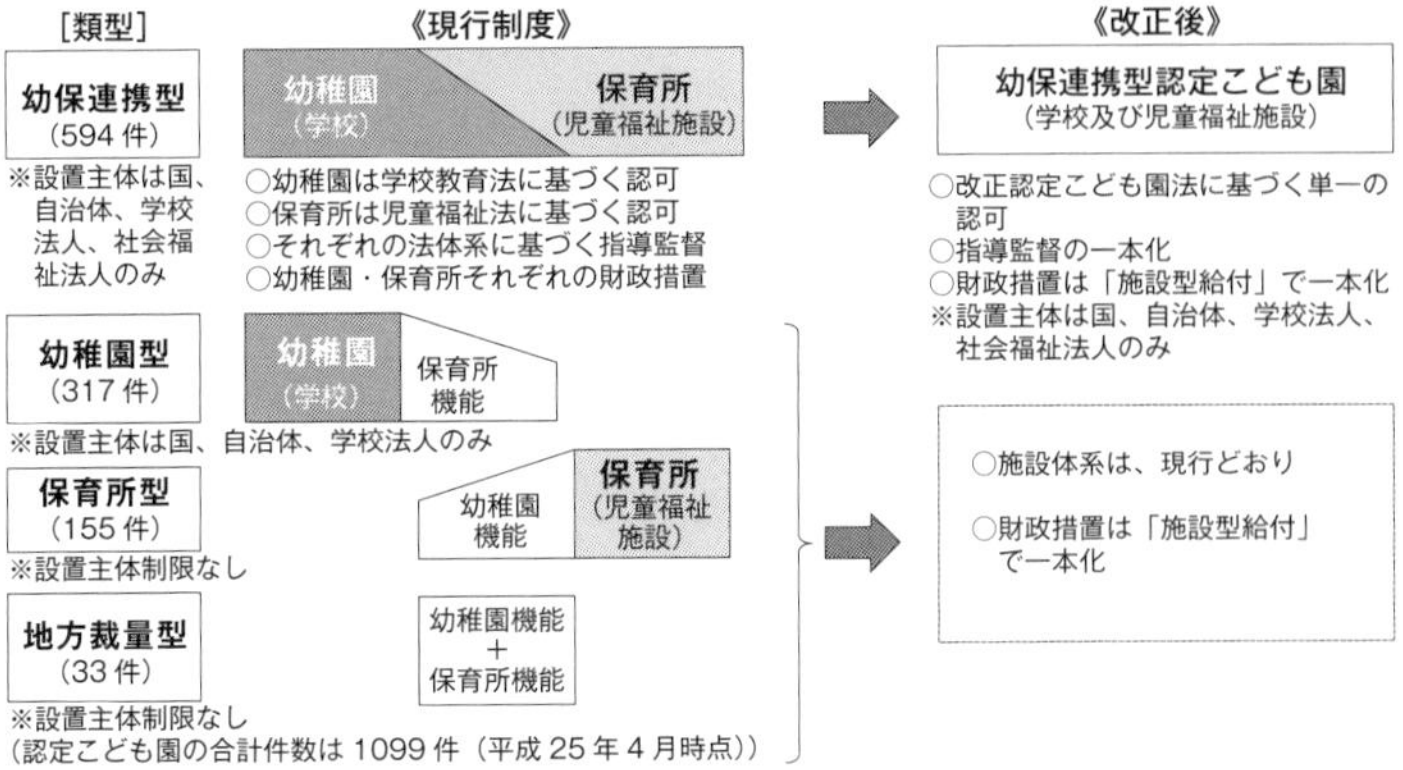

図1－2　認定こども園法の改正について

出所：幼保連携型認定こども園保育要領（仮称）の策定に関する合同の検討会議資料「子ども・子育て関連３法について」（平成25年）

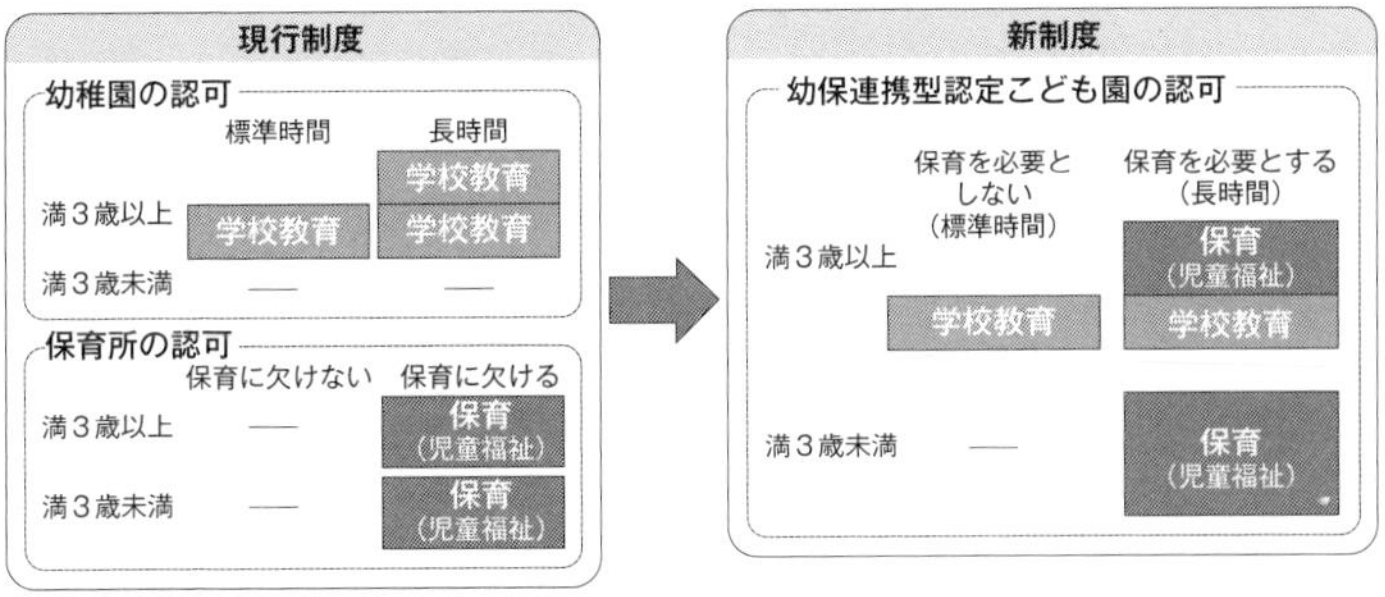

図1－3　新たな幼保連携型認定こども園

出所：図１－３と同じ

ん保育所保育指針にのっとりますが、三歳以上児の場合、実情は、先述のように午前中は（混合クラスやクラス別の違いはあっても）長時間児と短時間児の合同活動がなされているというのが一般的なようです（大阪保育研究所、二〇〇六）。しかし現行の認定こども園においては、幼稚園教育要領と保育指針が並存したままでした。

さて今回、先述のような新たな単一の一体化した施設づくりのために、その「幼保連携型認定こども園保育要領（当時の仮称）の策定」について、文部科学省と厚生労働省の合同会議で議論されました。そこでは、単一の組織づくりであるがゆえに、教育と保育の概念の整合性がより問題になります。

筆者も、その文部科学省側の専門委員としてそれらの議論に加わりました。策定に向けた論点の中心は、①幼稚園教育要領と保育所保育指針との整合性をいかに図るのか、②小学校教育との円滑な接続、③単一の管轄施設として位置づけられる新たなこども園において特に配慮すべき事項、といった三点をめぐったものでした。それらをめぐる議論のうち、本章との関係で、とくに①の整合性について筆者の感じたことについて私見を述べてみたいと思います。

新たな単一の組織化構想では、いわゆる保育を必要としない満三歳児以上の標準時間児では学校教育、保育を必要とする長時間児では三歳以上児が学校教育と保育、三歳未満児には保育が提供されるという構想イメージです（図1－3を参照）。短時間コース児だけでなく長時間コース児においても満三歳以上児は学校教育となっています。保育を必要とする満三歳以上児に「保育」のほかに学校教育が加わっているのは以前より前進したとしても、そこでいう「保育」とは一体何なのでしょうか。その長時間コース児の学校教育の上にある保育（括弧つきで児童福祉とされているが）とは何を意味するのでしょうか。この図からは、あたかも保育がやはり養護を指すものとしてとらえられているようにみえます。教育、そして保育イコール養護という図式が思い描かれているようにみえてなりません。図1－3の新制度における〈保育を必要としない〉〈保育を必要とする〉の表記も、まさに、そのように思わせてしまいます。また短時間コース児は学校教育だけですが、保育が養護と教育を一体的に行うものとすれば、当然、短時間コース児であっても養護が必要です。先に、筆者がたびたび指摘してきた通りです。

このように、新制度でもやはり既述した「保育」と「教育」の概念における整合性の疑問は依然として残ったままです。この「保育」、「教育」、そして「養護」の関係性をめぐる整合性の問題は、単一の施設をめざすがゆえに、新たな幼保連携型認定こども園の創設にあたってより切実な問題になるように思います。

筆者は、幼保連携型認定こども園保育要領（当時の仮称）策定の審議会での議論においても専門委員としてつぎのような発言や提言をしたのを記憶しています。

「今回の一体化した幼保連携型こども園では、とくに従来の保育指針と幼稚園教育要領にみられる『保育』と『養護』『教育』の関係の整合性を図る必要があります。たびたび指摘してきましたが、基本的に保育とは、養護と教育が一体的に含み込まれたものです。したがって、幼稚園でも保育所においても、保育がなされていることになります。子ども園では新たな、六年間というスパンで養護も教育も考えていく必要があり、その連続性が問題にされるなら、〇歳から三歳までに達成すべき教育的なねらいや目標を記述しておく必要があるように思います。それらは三歳以降から就学前に達成すべき内容とのつながりにおいてです。同じことは養護的なねらいや目標に関してもいえます。三歳未満児に達成する目標やねらいだけでなく、それらを踏まえて三歳以上児で課題となるような養護的なねらいや目標を記述したほうがよいのではないでしょうか」といった趣旨の発言でした。

そのような議論を経て、平成二十六年四月に内閣府・文部科学省・厚生労働省から「幼保連携型認定こども園教育・保育要領」が、平成二十七年二月に「幼保連携認定こども園教育・保育要領解説」が告示されたのです。その内容を通覧すると、一本化・単一化が謳われていますが、今まで繰り返し述べてきた教育、養護、保育の関係における整合性の問題はやはりすっきりしないままです。(単一の認可や指導監督の一本化とはいっても単一の管轄省庁ではなく)その背後に文部科学省と厚生労働省があり、その記述にはやはり従来の保育指針と幼稚園教育要領を無理やりに接木したように感じられます。

新要領では、「教育及び保育の基本」「教育及び保育の目標」「教育及び保育の内容が相互に関連をもつように留意する必要がある」「教育及び保育の基本及び目標を逸脱しないように慎重に配慮する必要がある」「教育及び保育の目標の達成に努めなければならない」のごとく、至るところで〈教育及び保育〉という言葉が並列的に使われています。このような〈教育及び保育〉といった並列的な表現からもうかがえるように、結局は現行の幼稚園教育要領及び保育指針のつぎはぎといった印象を受けてしまいます。〈就学前の子どもに関する教育、保育等の総合的な提供の推進に関する法律〉の第2条をみると、この「幼保連携型認定こども園」とは、義務教育及びその後の教育の基礎を培うものとしての満三歳以上の子どもに対する教育並びに保育を必要とする子どもに対する保育を一体的に行い……」とあり、満三歳以上児には教育と保育を一体的に行うと明記されています。その表現からすると、満三歳未満児は保育のみが行われることになります。すると、そこでの教育や保育と呼ばれるものは一体何なのでしょうか。保育イコール養護のようなニュアンスにさえ読み取れます。はたまた疑問が湧き起こってしまいます。

幼保連携型認定こども園教育・保育要領では、〈ねらい及び内容〉として園修了までに期待される5領域の指導事項があげられています。保育指針にあった養護のねらいや内容は消えていますが、教育・保育要領では〈幼保連携型認定こども園としてとくに配慮すべき事項〉というなかにそれが吸収されています。しかし第2章にある〈保育の実施上の配慮事項〉には、「乳児期の園児の保育に関する配慮事項」のなかで「満一歳以上満三歳未満の園児の保育に関する配慮事項」の下に養護的な内容が書かれ、「満三歳以上の園児の保育に関する配慮事項」をみると、そこには主としていわゆる5領域の内容が述べられています。ここでも三歳以上児は教育、未満児は養護という想定イメージを暗に露呈しているようにみえてなりません。

このようにみると、一本化した単一の組織と言いながら、やはり保育指針と幼稚園教育要領の接木をしたように映ります。審議の過程では「幼保連携型認定こども園保育要領（仮称）の策定について」となっていたのですが、最終的に告示された要領名は「幼保連携型認定こども園教育・保育要領」となっています。この並列的な名称は、そのことを象徴的に表しているように思います。それはまた新たな職名にも現れています。保育所は保育士、幼稚園は幼稚園教諭と呼びますが、連携型認定こども園では「保育教諭」という、まさに接木をしたような名称がつけられています。

そのような接木的な感じのする要領の内容をみるとき、ますます教育・養護・保育の関係に混乱をきたすように思います。単一の組織内のなかで、一日の生活リズムが異なる長時間コース児と短時間コース児に対して、一体的、連続的な保育を展開していく保育者間での考え方により混乱が生じるのではないでしょうか。危惧するところです。

6 まとめに

幼稚園は幼児教育を行い、保育所は養護に欠ける子どもを預かるという考え方が一般的でした。その影響もあって、歴史的にみれば、保育所はどちらかというと子守り的（養護的）な発想に基づき厚生省の管轄で発足しています。そのような差異が、幼稚園教育要領と保育所保育指針における、保育、教育、養護をめぐる考え方に齟齬を生んできた原因の一端のように思います。その齟齬は、たんなる用語の使われ方の問題にとどまらず、現場における保育的な営みの根本に関係してくるように思います。

今回、幼稚園と保育所の一体化施設の「幼保連携型認定こども園教育・保育要領」が告示されました。その策定にあたっては、従来の二元的な幼稚園教育要領と保育所指針間の整合性をめざしています。しかし、筆者にはやはり教育、保育、養護をめぐる概念間に十分な整合性が図られたとは言い難いようにも思います。

長時間と短時間コース、預かる子どもの年齢幅という差異によって、教育的な側面と養護的な側面のいずれかに強調点が置かれることがたとえあったとしても、また保育所、幼稚園、幼保連携型認定こども園という施設を問わず、そこで行われるのは教育と養護が渾然一体的に含みこまれた保育なのです。したがって、保育士も幼稚園教諭も保育教諭も保育者であり、日々、子どもたちへの同じ保育をめざしているのです。そこで保育者に問われ、問題にされるべきなのは、その保育の質なのではないでしょうか。

■参考文献

普光院亜紀　二〇〇七　変わる保育園　岩波書店（岩波ブックレット　No.709）
文部科学省　二〇〇九　幼稚園における子育て支援活動及び預かり保育の事例集
内閣府・文部科学省・厚生労働省　二〇一五　幼保連携型認定こども園教育・保育要領解説　フレーベル館
大阪保育研究所　二〇〇六　幼保一元化と認定こども園　かもがわ出版

2章

保育と育ち

1 はじめに

保育的な対処の仕方は、とうぜん子どものクラス年齢によって、また一人ひとりの育ちの状態に応じても変わってきます。

保育では、異年齢児間での交流保育が行われるとしても、一般的には年齢ごとの部屋に分かれてクラス担任がついて横割りで行われます。それぞれ異なる各年齢クラスによって相応しい保育の仕方や、子どもへのかかわり方が違ってくるからです。そして、つぎの育ちを準備するそれぞれの時期の育ちに相応しい保育を行うのです。保育の現場のなかで〈育ちに相応しい保育〉について考えさせられるような体験をしたことがあります。

ある幼稚園で、三十年近く三歳児クラスを一筋にもってきたベテランの保育者の保育を間近でみたことがあります。三歳児の特性に合わせて、子どもへの対応の仕方は巧みです。子どもへ声をかけるタイミング、子どもたちを遊びに誘い、そこで自分が中心となって子どもたちの遊びを巧みにつなげていく……、手馴れた保育で子どもたちを思い通りに動かしていくのです。じつにうまい保育実践を感心してみていました。その保育者の手にかかると、三歳児の活動も生き生きしてきます。しかし、あるときほかのクラスの都合で、臨時に、この保育者が年長児のクラスに入ることになったのです。三歳児であれほどうまい保育実践をされていることもあり、年長児での保育を期待してながめていました。しかしながら、どうも三歳児クラスのようにはうまくいかないようです。その原因は、年長児にあってもいつもの三歳児クラスへと同じような調子で保育をされていたことです。年長の子どもたちに対して三歳児に向かってのようなかかわりが抜けないのです。それが一人芝居のような保育で年長児の子どもにはそぐわなく、何となく保育者が子どもから浮いているような感じです。年長児にすれば、小さい年少児みたいな扱いを受けていることに、戸惑いと違和感があるのでしょう。この保育者も、三歳児保育一筋であるがゆえに、年長児へどのようにかかわったらよいのか戸惑ったのだろうと思います。

三歳児クラスでは見事な保育だったのですが、同じような保育が年長児では通用しなかったのです。すなわち、三歳児クラスでは相応しい保育が、必ずしも年長児においては相応しくないのです。別の幼稚園でも、やはり同じように年少の三歳児クラス一筋に保育をされてきた先生の見事な実践をみせてもらっていましたが、やはり同じ調子では年中児や年長児の保育はうまくいかないようです。

もう一つ、保育園でのお話を紹介しておきます。ある乳児園（〇歳から二歳児までが在籍）が、地域からの要望もあり、途中から保育園として組織替えされました。発足当初、当面はそれまでの乳児園の保育士が、それまで経験したことのなかった三歳、四歳、五歳児クラスを担任することになったのです。保育士の資格をとるにあたっては、とうぜん〇歳から五歳児の発達やその特性を学んできたはずですが、最初から三歳以上児の実際の保育体験を欠いたままでした。三歳以上児クラスの担当は、保育の場でははじめてだったのです。これまで〇歳から二歳児しかもったことのなかった保育者が三歳児クラスを担任することになり、そのことがさっそく問題となってきたのです。隣接年齢ではあっても、二歳児から三歳児クラスの境では大きな発達の変化がみられます。また〇歳から二歳児への養護中心のかかわり方は、それ以降の年齢クラス児とは違ったものになってきます。はじめて三歳児クラスを担任した保育士は、子どもたちへどのように保育的な対応をしてよいのかわからず、保育者によっては当初とまどってしまいました。その結果、たとえば仲間とのいざこざで子どもが泣いてやってくると、それまでの一、二歳児へと同じようにとにかく抱きしめてあやすといった保育的な対応をしたのです。すると、新学期からかなり経つのに、保育の場で当然みられるようになるはずの三歳児の姿がなかなかみられなかったのです。

このようなエピソードからも示唆されるように、ある年齢に相応しい保育の仕方が、別の年齢ではもはや相応しくなくなってくるのです。子どもの育ちに応じて相応しい保育のあり方は変わり、それがつぎの育ちの準備をしていくのです。そこに、子どもの育ちにかかわる環境としての保育者の大切な役割があると思います（岩田、二〇一四）。

〈ある年齢に相応しい〉保育をするために、まず保育者は子どもの発達の道筋を理解しておくことが必要になります。その必要性については、拙著（岩田、二〇一一、二〇一四）でも述べてきました。また本書のほかの章においても概説していますが、友だち関係の形成という視点から、その育ちや発達の筋道を、もう一度以下に簡単に触れます。

2 仲間関係の育ち

子どものさまざまな学び（コミュニケーション、対人的な社会性、自己の感情や行動の調整、ものごとの認識など）が、仲間との遊びを通してなされます。そこで、遊びや付随して生じるいざこざを例にとって、年齢クラスによるその発達や育ちの道筋と、そこで求められる保育者の役割を述べてみることにします。保育の原点として、集団のなかに子どもたちの関係をいかにつくっていくかということがあげられます（岩田、二〇一四）。子どもにとっても集団生活での大きな課題になります。その意味で、友だちの関係づくりが、どのような育ちの経過をたどって変化していくのかを押さえておく必要があります。本書の4章でも触れますが、まず年少から年長児にかけて友だちとの関係が形成されていく一般的な発達の筋道を概観してみます。

（1）年少児

三歳児といっても、その前半には、まだ保育者との一対一の関係が中心で、まだ保育者の存在が大切な心理的安定の拠り所となります。しかし他方で、まわりの仲間の遊びへの関心が強くなり、仲間と一緒に遊びたいといった欲求も今まで以上に高まってきます。クラスのなかでは、一緒に座りたい、いつも一緒にいたいと思う仲良しの関係もできてきます。そうは言っても、まだそれぞれが自分の要求（思い）だけに固執する自己中心的な心性が強い時期であり、一緒に遊ぼうとはしても、その遊びを共同して続けていくことは難しいようです。たとえ一緒に遊び始めても、子ども同士の共同的なかかわりはあまりみることができません。それぞれが自分の思いや要求を一方的に主張するだけで、一緒にイメージを共有しながら遊ぶことがなかなか難しいのです。

この頃は、月齢差が育ちに割と反映され、月齢の高い子どもなどが遊びにおいてリーダー的に振る舞うといったことがみられます。一緒に遊んでいるようにみえても、じつは、そのようなリーダー的な子どもを中心に、ほかの子どもたちがたんに金魚の糞のようにつき従っているといった光景もみられます。

このような育ちの時期にあっては、保育者は、最初ある子どもと始めた遊びに他児をうまく誘い込んだり、巻き込んだりしながら、一つの遊びイメージの下に子どもたちをつないでいくといったような保育的な働きかけが必要になります。それぞれの遊びを一つのイメージの下につなぐ中継者となるような保育者の役割が重要になってくるのです。

また、一緒の場で遊ぶなかで、物を取り合うといったいざこざもよく生じてきます。その場合、多くは、自分がほしいと思う物を取り合って叩き合う、そして泣くといったパターンのいざこざになります。まだことばによってそれぞれの言い分をやりとりしながら交渉していくことは難しいからです。その泣き声を聞きつけると、保育者は飛んできて間に入ることになります。保育者は「～ちゃんも、使いたいんだって」「～ちゃんも、一緒に遊びたいんだって」と、それぞれの子どもの気持ち（言いたかったこと）を一人芝居のように代弁し、保育者はお互いに向かって「～ちゃん、〈かして〉は？〈かして〉っていってごらん」「～ちゃん、〈入れて〉は？」「ひとつ、かしてあげて」「〈ありがとう〉は？」「〈ごめんね〉と言おうね」といちいち促し、子どものいざこざを仲介することになります。ここでも保育者は、お互いの気持ちをとりもち中継する者としての重要な役割を果たすことになるのです。じつは、このような保育的な対応が異質な他児の存在を理解させ、異質な仲間と一緒に遊ぶためのやりとりの仕方を教えていくことにつながり、それがつぎの年中児の育ちを準備していくものではないかと思います。

(2) 年中児

年中児になると、それまでの経験から、一緒に仲間と遊び続けるには自分の声（要求や気持ち）だけを勝手に主張するだけではなく、仲間の声にも耳を傾ける必要性に気づいてくるようになってきます。自分の要求や考えだけを一方的に主張するのではなく、仲間の異質な要求や考えと折り合い（妥協、譲歩、条件……）をつけようとし始めるようになってくるのです。それによって、しだいに仲間とイメージを共有して遊ぶことが可能になり、ごっこ遊びでの役割や見立てイメージを共有しながら一緒に遊べるようになってくるのです。

この時期は、もはや子どもたちの中心に保育者がいて、子ども同士をつないでいく中継者としての役割はあまり必要なくなります。気の合った子どもたち同士で活発にイメージを共有して遊びをつくっていこうとするからです。このように、年中児にはイメージを共有しての遊びが可能になってきます。しかし、その遊びイメージはまだ紋切り型で固定的なまま繰り返され、遊びがあまり展開していかないことがみられます。またグループごとに横で似たような遊びをしていても、それらの遊びがより大きな遊びのテーマとしてつながっていかないこともみられます。そんなとき、保育者の役割としては、「こうしてみたら、こんな遊び方もあるよ」「一緒にしたら～ごっこになるよ」と、行き詰ったその遊びイメージを広げ、また異なるグループの遊びをより大きな遊びイメージの下につないでいくような傍からの介入が必要になってくるでしょう。その意味で、子どもたちの行き詰った（停滞した）遊びイメージを膨らませ展開していけるような、遊びの支援者として保育者の役割が大切になってくるのです。

年中児でも、イメージを共有して遊ぼうとするなかでやはりいざこざは起こってきます。さすがに年少児にみられる単純なものの取り合い、奪い合いは減少しますが、遊びイメージの食い違い、役の取り合いなどをめぐるいざこざがみられるようになってきます。しかし年少児のときのように、保育者が両者の間に入って一人芝居のように仲介する必要はなくなり、当事者同士で主張をぶつけ合うといったやりとりがみられるようになってきます。そうは言っても、感情的にもつれると自分たちだけでは収拾がつかなくなり、話し合って解決することは難しくなります。その結果、子どもから呼ばれ保育者が仲裁に入ることになります。そこで保育者は、双方の思い（言い分）を明確にし、それをわかりやすく翻訳して当事者に伝える、そのうえで、いざこざが生じた原因は何なのか、どちらにどのような非があるのかを裁定する、どうしたらいいのか当事者に考えさせる、いざこざを避ける折り合いのつけ方を提案する……といった形で、もつれた関係の交通整理をすることになるのです。年中児になると、そのような保育者からの支援をうけたあと、もう一度子ども同士で話し合って解決していこうとする様子がみられます。

じつは、このような年中児の保育的介入こそが、ことばによる交渉の仕方を教えることになります。それが、当事者の子どもたちだけで話し合って解決していくといった、つぎの年長児に向けての育ちを準備していくのです。

(3) 年長児

年長児になってくると、仲間との間に新たな形態の関係を形成することができるようになってきます。それは、いつもの気の合った仲間だけでなく、好きや嫌いを超えた仲間とでも、目的を共有すればその実現に向けて、仲間意識をもって自発的に協働できるようにもなってくることです。それは、運動会や生活発表に向けて自分のクラスやグループのメンバーで協力しながら取り組んでいくことを可能にします。

この時期、保育者が年中児のようには子どもたちの遊びへ介入的に支援することはあまり必要なくなってきます。手や口を出しすぎることによって、ときに子どもの自発的な遊びイメージの展開を壊してしまうことにもなるくらいです。むしろ保育者は、子どもたちが自発的に遊びを発展・工夫していく(仲間とアイデアを重ね合わせていく)能動性を引き出し、それをオーガナイズしていく司会者的な脇役としての役割が求められるようになってきます。保育者が前面に出て、積極的に子どもたちへ指示や介入をしていくといった必要性は少なくなってくるのです。

いざこざになっても年中児にしたような交通整理的な介入をあまり必要としなくなってきます。大概のことは、いざこざの当事者間で話し合って自分たちで解決していこうとするようになります。したがって保育者には、すぐに子どものいざこざに口を挿むのではなく、子どもたちに解決を任せて傍らで見守る、ときに「どうしたらいいか話し合ってごらん」と司会者然として、一歩退いた保育的な態度が求められることになります。もし順当に年少児、年中児と相応しい育ちを積み重ねていけば、年長児にはこのように保育者からのいちいちの指示がなくても、自分たちで自律的に動けるようになってくるのです。

仲間との豊かな遊びやいざこざ体験は、仲間の声をも汲み取りながら自分の思いを実現していく途を模索し、自分と異質な考えや要求をもつ仲間と折り合いをつけていくことを学ぶ場を豊かに提供することになります。そのことは他者の理解、他者と伝え合う力、自分の行動や感情をコントロールしていく社会的な自己力などを育んでいく大切な契機となるのです。しかしそのためには、前述してきたように、保育者がそれぞれの時期に相応しい保育的なかかわりをすることが大切な仕事になってきます。

子どもは自ら育っていこうとする自生的な力を内に秘めています。しかし、集団のなかで自然に任せておけば、子どもにこのような育ちがもたらされるわけではありません。その育ちを引き出していく保育環境が必要になってくるのです。だからこそ、その時期の育ちに相応しい保育者の働きかけをどのようにするのかが重要になってくるのです。

　ある三歳児クラスの担当になった新米の保育者がベテラン保育者の保育実践をみて、「どうして自分は、あのように子どもの遊びを巧みにつなぐとか広げていくことができないのだろうか、子どもたちをうまく遊びにのせられないのだろうか」「どうして、子どもたちのいざこざにあのようにうまく対処することができないのだろうか」と悩む声を耳にしたことがあります。それは、保育者がその時期に相応しい働きかけができるかどうかによるのです。そして、保育者の対処によって、子どもたちから引き出されてくるものが違ってくることになります。だからこそ、それぞれの子どもの発達や育ちに相応しい保育が大切になるのです。

　それぞれの時期に相応しい保育の積み上げが、結果として、年長児にみられる自律的な行動として結実していくのです。したがって、それまでの保育によって育ちが積み上がっていないとき、「これが同じ年齢クラスか！」と目をうたがうような、大きな育ちの差となって現れてもくるのです。そのようなとき、もう一度年中児やときに年少児クラスのような状態から保育をやり直さなくてはならなくなるのです。このやり直しは大変な時間と労力を必要とします。そこに、子どもの育ちを系統的に引き出し、つぎの育ちの下地を作っていく保育者の重要な役割があるのです。そのように考えると、それぞれの年齢クラスの保育者は、自分の保育をつぎに向けてつないでいかねばならないのです。子どもへの保育は、自分のクラスだけに決して閉じたものではないのです。子どもの育ちは、園全体の保育者で体系的・連続的に担うことになるのです。

もちろん同じ年齢クラスであっても子どもの育ちは一様ではなく、とうぜん個人差がありま す。年少児であっても年中児を思わせるような子どもがいるし、年長児であっても逆にまだ年少児や年中児のような行動を示す育ち遅れを感じさせる子どもたちもみられます。したがって、ときには年長児であっても、子どもによっては年中児や年少児に対するのと同じようなかかわり方が求められることもあります。保育者には、年齢クラスに相応しい保育をしていくだけではなく、他方においては、そのような一人ひとりの育ちの状態の個人差を考慮したきめ細やかな、臨機応変な保育が求められます。

3 保育と保護者

園のなかで、保育は保育者によってなされます。しかしながら、その保育は家庭での保育と切り離して存在するものではありません。だからこそ、幼稚園教育要領にも保育所保育指針のなかにも、育ちにおける家庭との連続性や連携が唱えられ、保育の家庭との連携、家庭における親の子育て支援の重要性などが声高に述べられているのです。

(1) 親のクレーム

そのような取り組みのなかで、親が園における保育実践に触れる機会や、保育の要望を園側に積極的に述べるといったことも増えてきました。もちろん、それには少子化、親の学歴や知識の高まり、就労女性の増加、情報化社会などといった要因による親の意識変化もあるでしょう。たしかにそれ自体は、子育てにおいて園と家庭が連携するという観点からは望ましいことです。しかしその反面、困った問題も目にするようになりました。

一昔前は、保育参観をしても保護者から、保育の具体的な仕方や内容に口を出す、注文をつけるといったことは少なかったように思います。しかし、近年、保育への疑問や質問の域をこえて、園の保育の仕方、とくに保育の場におけるいざこざなどへの対処の仕方などに親が口を出してくるといったことがあります。たとえば「なぜ、いつもうちの子ばかりが厳しく叱られるのですか」「いざこざを黙ってみていて、どうして叱らないのですか」「なぜ、うちの子だけがよく叱られないといけないのですか」「うちの子をいじめている~ちゃんはなぜ叱られないんですか」……と、わが子は被害者だといわんばかりに、感情的になって保育の仕方に不平や文句・クレームをつけてくる親がいます。このほか、なかにはモンスターペアレントばかりのクレームや注文を園につけてくることも、近年、保育の現場では増えてきたようです。それが、ときに保育の実践やクラス運営をやりにくくさせる一因になってきています。

保育者は保育的な意図をもって、ときに子どもを厳しく叱るとか、ときにあえて子どもたちのいざこざに介入しないことがあります。保育者は、親に問われれば、もちろんその保育的な対応の意図を説明します。それでも聞く耳をもたない調子で文句をまくしたてる親もいますし、一応、表面上は納得するものの保育者や園の方針にわだかまりや不満を抱えたままの親もいます。前記のように、いざこざへの対応が不公平だと被害者意識をもった親は、「あの子とは遊ばないで」「あの子と口をきいてはだめよ」、ひいては「あの先生はだめ」「あの子の親はなってないわ」……と、家庭に帰ってわが子に言い聞かせることになります。まさに、子どものけんかに親が口を出してくることにもなります。そのことが、ひいては園における子どもたち同士の関係や、子どもと保育者との信頼的な関係さえ歪めてしまうことにもなります。日常的な子どものいざこざが、子どもの保護者間の反目となり、それがほかの保護者をも代理戦争のように敵味方側として巻き込んでしまうことにもなります。親同士の反目が、逆に子どもたちをその代理戦争のなかに巻き込んでしまうことにもなるのです。

このような状態は、保育者にとって保育をやりづらくしますし、保育実践を難しくさせてしまうことになります。子どもの育ちにも影響してくるのです。そのような困った展開になるのを避けるには、保育の専門家として自信をもって、親の不満や文句に対して、保育の意図や意義を納得してもらうように、毅然として、感情的にならず、ときに繰り返し説明する必要があります。そのような説明責任を果たすためにも、保育者自身が子どもの発達や育ちの理解、一人ひとりの育ちの状態の理解を深めて、自らの保育実践の意味を明確に自覚しておく必要があるのではないでしょうか。かつて幼稚園教諭として保育の場にいた中西（二〇一六）は「保護者の願いや不安に寄り添うことは当然必要ですが、時にはプロの保育者として、子どもの育ちについて長期の見通しをもって説明し、（子どもが課題を乗り越え育っていく：筆者による補足）『時間がほしい』と伝えることが必要です。さらに、〝子どもの世界〟を知る貴重な大人として、子どもらしい育ちを願い〝子どもの世界〟を守るため、保護者に理解を得る努力を続けることはたいへん重要であり、保育者の高い専門性だと思います（p.168）」と、保育者の役割を述べています。

たしかに、親のクレームは保育者の頭を悩ませる種にもなります。しかし他方で、わが子のことを思う親からのクレームに耳を傾けると、なかには親の立場に立てば理屈が通り納得できるものもあります。そのようなクレームは、たしかに園の保育システムや保育的対処の問題点を指していることがあります。したがって、その声に謙虚に耳を傾け、自分たちの保育を見直してみるきっかけとして活かすという姿勢も同時に必要になってくるのではないでしょうか。

そのようなやりとりが園と親との信頼関係をつくっていくことになり、家庭と連携を計り、ひいては親の育ちを支援する保育者の役割をも果たすことにもつながるのではないでしょうか。

（2）子どもを虐待する親

近年、親と子どもの子育て関係において、子どもの虐待（child abuse）のケースは無視できないほど増えてきています。一九九〇年以降、わが国においても虐待の報告件数は増加の一途をたどっています。今や、それらの虐待やネグレクトによる事件は大きな社会問題となってきています。園の子どものなかにも、虐待を疑われるケースが増えてきたように思われます。育ちにおける園と家庭との連続性を考えるとき、とうぜんこのような虐待は、園における子どもの言動や、さらに育ちや発達に大きな影響を与えていきます。保育現場でも無視できない問題となってきました。

①子どもの虐待

一口に虐待といっても、児童虐待防止法では身体的虐待、心理的虐待、性的虐待、ネグレクト（いわゆる育児の放棄）といった四つのタイプに分類されています。しかし、虐待とは（身体的であれ心理的であれ）「子どもに対して有害なことをする」、ネグレクトとは「子どもが必要とするものを親が提供しない」として、虐待とネグレクトを区別する立場もあるようです。

ところで、虐待という言葉は「abuse」の日本語訳です。このabuseの主たる語義は「悪用」「乱用」ということであり、〈正しくない使い方、本来の目的とは異なった使い方〉を意味します。親が「子どもの存在あるいは子どもとの関係を『利用』して、自分の抱える心理・精神的問題を緩和・軽減する」といった乱用を示していると考えられます（西澤、二〇一〇）。まさに虐待は、道具として子どもを乱用することになるのです。先の西澤は、「育児とは、子どもの幸せを願って行われる行為である。適切な親子関係で育つ子どもたちは、自身の愛情欲求がある程度満たされた大人へと成長し、子どもの幸せを考えて育児に取り組むことができる。しかし、虐待やネグレクトを受けて育った人たちは、育児においても自分の愛情欲求を優先してしまう傾向に陥りがちだ。そこに子どもへの虐待行為につながる乱用が生じると言えよう(p.83)」と述べています。

一般的に、わが子を虐待する親は、自分自身が子どものときに親から虐待を受けていたことが多いといわれます。このような被虐待経験が、自分が親になってわが子を虐待するといった心性を因果連鎖的に形成するのです。親になっても他者の苦しみが共感的に理解できないため、自分の子どもに激しい苦痛を与えるような虐待的な行為をしてしまうことにもなるのです。養育者との関係が養育行動のモデルとして子どもに伝えられていくことになるというのです。先の西澤（二〇一〇）は、具体的な虐待事例をあげながらそのような世代間連鎖のメカニズムをわかりやすく説明しています。そこから、過去の親子関係が、自分が親になったときの親子関係に深刻な因果的影響を及ぼしていくことがうかがえます。

もちろん子どもへの虐待は、世代間にみられる因果的な連鎖のメカニズムだけによってみられるものではないでしょう。子どもの抱える発達障害が親の虐待を引き起こす要因になるというケースもあります。杉山（二〇〇七）は、知的な遅れがない高機能広汎性発達障害（アスペルガー症候群）の子どもは、「弱い愛着のレベル（母親に置いていかれるのは嫌がり後追いをするが、自分は平気で母親から不安なく離れてしまう）であれば比較的早く三歳以前に成立している者が多い。しかし本来の強い愛着レベルに到達するのは高機能グループにおいても著しく遅れ、小学校年代後半にやっと成立する場合がむしろ一般的である（pp.108-109）」「知的遅れがないためハンディキャップの存在に気づかれにくいこと、愛着の形成が遅れ、患児の示す非社会的行動に対して躾の悪い子という誤解を招きやすいことが挙げられる（pp.109-110）」「愛着の形成が、……知的な遅れがない場合でも、より後年にずれることはまれではない。これは親の側に強い欲求不満を作ってしまい（pp.178-179）」と、発達障害が親による虐待へのリスクを高め、子どもへの虐待行動に結びつきやすいといった危険性があることを自らの臨床経験から指摘しています。養育者にとって育てにくい特徴をもつがために、虐待につながってしまう危険性です。広汎性の発達障害などによるこのような愛着形成のされにくさが、親の虐待を生み出す一因になっていくことにも心を留めておかねばならないでしょう。

さらに、子育てを取り巻く社会的な状況の変化も原因としてあります。言われて久しくなりますが、祖父母のいない核家族化という家族形態が今や一般的になっています。このような家族形態の変化は、「少なく生んで手をかけて育てる」という少数出産（少子化）の流れを作り出しました。しかし核家族化に伴い、育児の知恵を祖父母から継承することも、祖父母からの身近な育児支援もなくなりました。この核家族化の進行は家族の孤立を伴い、さらに家族や地域社会とのつながりを失ってきました。このあたりの事情は、社会学的にもしばしば指摘されてきた通りです。このような状況は、母親の育児のあり方にも大きな影響を与えることになります。とくに専業主婦にとっては、密室のような狭い住居で子どもと向き合って二人だけで過ごす育児の時間が多くなります。この母子の閉じられた密室的な育児状況は、新しい問題を生み出すようになってきました。子どもを一人で守り育てていかなければならないという責任感、それに伴う育児不安や心配は大変なものです。ちょっとした他人のアドバイスがあれば何でもないようなことに心配しすぎ、まわりとのつきあいもなく相談する人もない母親は一人で悩みを抱え込んで孤独に悩んでしまうことになります。月齢別の平均体重や身長に足らないといった理由だけで、不安が不安をよんで、育児ノイローゼに陥ってしまうこともみられます。とくに、はじめての育児体験をする母親ではそうでしょう。自分の言う通りにならない子ども、思う通りにならない自分の子育てに自責的になったり、思い通りにならない怒りの感情（イライラ）を子どもにぶつけ思わず手を上げてしまいそれが止められない、といった形で虐待のはじまりがみられることもあります。

また、子どもができたものの、子育てには養育者自身がまだ心理的に未成熟と思えるケースもときおりあります。もともと子育ての行為は、当然それまでの親の自由を何がしか犠牲にするとか、拘束することになります。親が養育についての覚悟や理解ができていない場合、子どもはかわいいけれども、一方で自分たちの自由を束縛する存在にもなるのです。しかし心理的に未熟な親にとっては、それが耐えられなくなるようです。その結果、子どもの存在が自分たちにとって邪魔となり、子どもへの育児を放棄する、邪魔な子どもを虐待するといったことがみられます。このような例は、マスコミの報道などでも、最近しばしば耳目にします。

②虐待と育ち

親からの虐待体験は、とうぜん虐待された子どもの育ちにとっても大きな影を落とすことになります。渡辺（二〇〇四）の表現を借りれば、虐待や育児放棄という「居心地の悪い不快な刺激に満ちた生活は、その子の脳の発達を歪め、機能の悪い行動系を発達させ、葛藤をかかえながら生きる苦しい人生を生み出していく（p.6）」ことになります。虐待された体験が子どもの発達障害を引き起こし、広範な脳の発達の障害をもたらすことにもなるのです。

被虐待体験は人に対する基本的な信頼感を蝕むことになり、さらに、自尊心の低下や、傷ついた自己像の形成などによって、子どもの以降の対人的な関係形成も難しく、子どもの人格の形成にとって重大な影響を与える危険性が高くなるといいます。虐待によって親への愛着関係の形成にも障害が生じ、そのような関係のなかで育った子どもには、些細なことで非常に激しい怒りをもち、その怒りを暴力的行動や破壊的行動で表現したり（いわゆるキレる）、あるいは自分自身の体を傷つけるといった自傷行為に走ったりするなど、いわゆる反社会的行動を含む不適切な行動をする可能性が高まるのです。

西澤（二〇一〇）は、その原因として虐待と愛着形成の関係を論じています。虐待されて育った子どもは、支えとして拠るべき安定した愛着対象が十分に形成されておらず、自分の情動状態の崩れを養育者という愛着対象との関係のなかで制御していくシステムの形成が十分でないのです。養育者との間に安定した愛着関係がうまく形成できない子どもは、「これをするとママが悲しむな」「これをするとママから叱られるな」と、目の前にいない母親を想像しながら、自分の行動をコントロールしていく力が育ってこないといいます。「ママが悲しむな」「ママだったらどう言うかな」「親が怒るかな」と、ママという他者の身になって、その人の気持ちや感情を考えてみることができないのです。それは、まさに他者の感情を自分のものとして感じる共感性の基礎となってくるものです。虐待による愛着対象の関係の未形成は、このような共感性の形成の欠如をもたらすことになります。

杉山（二〇〇七）は、虐待による上述のような衝動や怒りのコントロールがうまくできないといった幼児期の反応性愛着障害が、小学生になるとＡＤＨＤのような多動性行動障害となって出現してくると言います。その多動の形態は「ハイテンションの形を取りやすいところも同じであるという。両者とも不器用が認められ、時間管理や整理整頓が非常に苦手であることも類似している。また喧嘩がよく起こることも類似している（p.160）」と述べています。さらに、大人の言うことを聞かない、挑発を繰り返してまわりの人間を故意に苛立たせるといった反抗挑戦性障害が特徴としてみられるとも言います。宮地（二〇一三）は、このような親による虐待が、「子どもにとってトラウマとなるだけでなく、子どもの成長や発達を大きく阻害し、時には不可逆的な障害をもたらします（p.61）」と、さらに虐待問題の深刻さを述べています。虐待や家庭機能不全という小児期逆境体験によるトラウマが、のちの身体疾患のリスクだけでなく抑うつ症状、自殺企図、アルコールや薬物依存、危険な性行動を引き起こす要因になるといいます。

菅原（二〇〇三）は、妊娠中期から十四歳児の長期にわたって、母親の子どもに対する否定的感情（愛着感）と、情動や注意への衝動統制に欠けるために生じる統制不全型の子どもの問題行動傾向との関連について縦断的な研究を行っています。統制不全型の問題行動とは、攻撃的・反社会的な問題行動や、注意欠陥・多動的問題行動などを指します。やはり否定的な母親への愛着感がそのような子どもの問題傾向の出現の重要な一因になることも明らかにしています。そのなかで、五歳の幼児期における親の否定的感情（暖かさに欠ける養育行動）が、児童期になって子どもの問題行動の促進要因として働くことがみられ、その問題行動がさらに子どもへの否定的感情を強めていくといった悪循環のパターンが出現しています。この研究結果が単純な因果関係では語れないとしても、親子間での愛着関係がのちの子どもの不適応行動の出現と密接に関係してくることがうかがえます。

いずれにしても、家庭での虐待が子どもの育ちや、ひいては園における保育活動にも影響してくるのです。保育者は、虐待されていないかどうか、日頃の子どもの様子（言動の変化、服装、身体的な傷など）に目をこらしておくことが大切になってきます。そして、もし虐待が強く疑われるようなら、児童相談所等の公的機関との連携のもと、保育者にも個々の虐待のケースに応じたきめ細かい保護者へのアドバイスや、育児への支援や介入が必要になってきます。虐待を疑われているケースが増えているだけに、保育者にとってこれは子どもを守る大切な仕事ともなります。

4 さまざまな連携

このように保育とは決して園という場だけに閉じて完結するものではないのです。幼稚園教育要領や保育所指針においても、ますます保育における外部との連携の重要性を強調するようになってきています。それでは、外部とのどのような連携が求められているのでしょうか。

既述したように、外部との連携のうち、まず保護者（家庭）と育児をめぐってどのように連携するかが大切になってきます。それには、保護者から家庭での様子をうかがう、保護者に園での様子を伝えるといった情報の密なるやりとりが必要になります。その方法として、連絡帳でのやりとり、保護者会での対話、また登降園時における保護者との雑談などもその貴重な機会として活かせます。これらの機会は、保育者にとっても、保護者にとっても、子どもの育ちの様子を知り、保育や家庭での子育てに参考になる貴重な手がかりです。このような家庭とのやりとりを通して、保育者が家庭における育児の様子などを知るだけでなく、他方において、親が園における子どもの様子を知ります。そのような子どもの育ちにかかわる情報交換は、育児において困ったり、悩んでいる母親への育児相談や支援にもつながります。保育者には、このように保護者の悩み相談にのる、一緒になって子育ての問題を考える、ときに適切な子どもへのかかわり方をアドバイスするといったような、子育ての支援的役割が求められるのです。

そのような家庭との連携がうまくいくとき、保護者は園や保育者に信頼感を形成し、それがひいては、保護者の子どもの理解を深め、保護者の育児力を培い、園での保育を充実したものにしていくことへとつながるのです。

さらに、子どもは園や家庭のまわりにある近隣の地域社会とつながり、その影響を受けながら育っています。近年、保育環境の広がりという観点から、園の保育が地域社会とも連携・交流していく大切さも唱えられています。具体的に、どのような連携が試みられているでしょうか。

京都市立もえぎ幼稚園では、ボランティアで地域の茶道の先生を招いて茶道室で年長児にお茶の作法を教えてもらう、陶芸家にきてもらって簡単な窯をつくり、子どもに製作から窯焼きまでを教えてもらう、料理家の協力でピザ窯をつくって一緒にピザをつくる、近隣のおじいさんから竹とんぼなど、昔の手づくりおもちゃのつくり方・遊び方を教えてもらって一緒に竹とんぼを飛ばすなどの交流を保育に組み込んでいました。このほかにも、地域の小学校・中学校を訪れる、逆に小学生・中学生が園へやってきて一緒に遊ぶ、老人施設を訪問して高齢者に触れ合うといった幅広い地域の人々との交流などもなされていました。

また、地域社会の行事（祭り）や活動への参加を通して地域社会との交流を深めるという取り組みもあります。京都市内の祇園祭が行われる地域にある先述のもえぎ幼稚園では、鉾の組み立て過程をみるとか、完成した鉾の上に特別に上がらせてもらうといった保育体験をさせていました。これら地域行事への参加体験は、子どもの心を揺り動かすような実地体験が得られるきっかけとなり、園に帰って自分たちも同じように再現したいといった遊びにつながり、その目的をクラスで共有して協同的な遊びの体験へと発展していく契機にもなります。

ところで、園のなかには特別な支援を必要とする子どもがいます。弱視、難聴、肢体不自由児など身体の障害を抱えた子ども、また、自閉症スペクトラム障害、ＡＤＨＤ（注意欠陥多動症）を疑われるような発達の障害を抱えた子どもたちがいます。とくに発達障害は「子どもにどのようにかかわったらよいのか？」と、保育者を悩ませます。そのような子どもには特別な保育環境の配慮や支援が必要となってきます（5章を参照）。その際には、家庭との連携に加えて、医療・福祉などの業務を行う関係機関、児童相談所などの専門機関との連携（連絡を取り合いながら相談や指導のアドバイスを受ける）も大切になってきます。それは、その障害の種類や状態の理解を深め、保育の現場において適切・有効な支援・援助の方法を計画的・組織的に立案していく手がかりになるからです。そこでは園が中継点となって園、家庭、専門機関の三者間で緊密に連携を計っていくことが大切になってきます。

以上のように、保育が地域、家庭、福祉、医療機関といった外部とつながり、連携していくことが求められるだけではないのです。園内部における連携ということもそれに劣らず大切になります。忘れてならない肝心なことは、職員（保育者）間の連携です。先にも触れましたが、子どもはクラスの部屋だけで保育されているわけではありません。異年齢が集う園庭での自由遊び、クラスをまたぐ合同保育や行事などの保育にも参加しますし、ときにほかの担任クラスの保育者がピンチヒッターで別のクラスを保育することもあります。進級時には違うクラスの子どもを受けもつのも一般的です。その意味では、日頃から、職員間である程度、全体の子どもに関する情報や育ちの様子や問題を共通理解しておくことが必要になってくるのです。このことは、たとえ担任が変わっても、園全体としての子どもの支援的な対処や取り組みを一貫的・連続的に行っていくうえでも必要になってきます。そして担任が変わるときには、しっかり新たに受けもつ子どもに関する情報や保育上の留意事項が保育者間で引き継がれていくことも大切になります。いわゆるチーム保育の精神が大切になるのです。保育者の職員みんなで子どもをみていく、「園全体として」保育に取り組むという姿勢です。それには、職員室での子どもの保育をめぐる雑談やエピソード情報の交換、園内研修での事例検討会などもよい機会になってくるのです（7章を参照）。その際、言いたいことを言い合える保育者同士の雰囲気や信頼関係をつくっていくことが主任や園長には求められるでしょう。

「園全体として」保育に取り組むとは、それぞれの保育者がそれぞれのクラス年齢に相応しい育ちの目標の達成をめざし、責任をもってつぎの年齢クラスの担任に引き継いでいくといった体制です。先述したように、そのような保育者間の連携やつながりが、子どもの育ちの積み重ねにとって大切になってくるのです。それが、園内の職員の連携や協力体制の下に子どもを一貫して保育していくといったことを可能にするように思います。

5 保育の連携とは

外部との交流や連携が園の保育において大切になることは述べてきた通りです。しかし、連携に際しては注意しなければならないこともあります。

保護者の思いや願い、情報を聞いて保育のなかに活かそうとすることはよいのですが、保護者の強い要求に屈して、その要求をそのまま無条件で保育のなかに取り入れることは、ときとして子どもの育ちにとって明らかに相応しくないと判断されることも往々にしてあります。繰り返しになりますが、そんなとき保育者は、保護者からの要求に対しても、保護者が理解・納得できるように、なぜそれが子どもの育ちにとって相応しくないのか、今行っている保育の意義をしっかり説明できなければなりません。そのためにも、自分の保育の意図や、自分の保育の見通しを保護者にも納得できるように説明する力をつけることが保育者に求められるように思います。

もう一つは、福祉・医療機関や特別支援学校などとの連携に際してのときです。現場では多様な問題を抱える子どもが増えてきました（5章参照）。そのような統合的保育のなかでは、しばしば医療機関と連携し、医師などからアドバイスをもらうことがあります。たしかに医療機関などからは、診断や、特別な支援を必要とする子どもへの対処の仕方の留意点など有益なアドバイスをもらうことができます。しかし、往々にして保育現場には、権威ある医者などのいうことをすっかり鵜呑みに受け止める雰囲気があります。そのアドバイスの意味を深く理解することなく、言われたままに従おうとします。その結果、逆に、その子どもの育ちにとって決して望ましくないような、臨機応変に欠けた不自然な保育環境を作り出すこともあります。そのアドバイスは、主として特定の子どもを対象にするものですから、保育の場にそのままあてはめると問題の起こることがあります。保育の場をもっともよく知っているのは保育者です。日々変化していく子どもの様子をもっともよく知り、子どもに寄り添った保育を行うのも保育者なのです。だからこそ、保育者はほかの専門家からのアドバイスの意味を吟味しながら、現実的な保育の場にどのようにして取り入れていくのかと、その適切な実現の可能性を考えていかねばならないのです。それがアドバイスをもらった保育者の仕事なのです。

したがって連携とは従属的な下請け作業ではなく、外部の意見や一般的なアドバイスを参考にして、現場の子どもの様子をみながら工夫していくといった、そこには保育者の主体的な態度が求められるのです。アドバイスや指示を受けた専門家には、保育の場での工夫やその結果を報告（フィードバック）しながらさらなるアドバイスを聞くといった、保育者との緊密な連携関係が望まれるのです。

真の「連携」とは、基本的に両者がともに携えあうということです。保育者と家庭、保育者と医療専門家の関係であれ、一方が無条件に他方の言うことを盲従的にきくという関係になることではないと思います。したがって、ときには連携に際しては主張や意見の食い違いや齟齬が表面化し、双方の間で緊張状態が生じることもあります。保育者はそのような保護者、医療などの専門家などと緊張的な関係からこそ、子どもの育ちにとってよりよい連携をともに模索していけるのではないでしょうか。

6 まとめに

保育には、子どもの育ちに応じた働きかけが求められます。そのためには、保育者が子どもの育ちの道筋を押さえ、一人ひとりの育ちの様子を把握しておくことが大事なことになります。

それがあってこそ、その育ちに相応しい保育を模索していくことも可能になるからです。そのような保育の積み重ねこそが、次の段階の育ちを準備し形成していくのです。

しかし、保育は園だけで閉じて完結するものではないのです。園での保育は、家庭や地域社会といった外部に開かれ・つながって成立しているのです。園の保育は、家庭や地域社会とのつながりや広がりのなかで成り立っているのです。

近年、身勝手な要求ばかりを当然のごとく主張するモンスターペアレントのような保護者や、明らかに親の育児放棄や虐待をうかがわせるケースが増えています。そのようなとき、保育者は保護者にどのように、どこまで説得や介入していくのか、個々のケースによって、その都度、園や保育者はどのように対処するべきか迫られます。また、クラスに目立って増えてきた、発達障害児やちょっと気になる子どもに対する保育的な支援や工夫も迫られるでしょう。

こと左様に、近年、保育をめぐる仕事はますます多岐に広がってきました。そのような広がりのなかで保育者が中核的な役割を期待されています。そこでの園の社会的な役割の拡大に応じて、保育者の負担もますます大きくなっています。それら大切な仕事にはもっと社会的・経済的な評価がされてよいように思います。

しかし、そのように広がる役割や仕事によって、ときに保育者が負担過重で余計な時間や労力を消耗し、その結果、子どもの目の前に立つとき疲労困憊になり、肝心の保育がないがしろにされるようになっては本末転倒になってしまいます。そこが一番心配するところです。また、それらの多様な仕事に過重なストレスもかかります。そこでは保育者のメンタルヘルスへの支援も必要になってくるでしょう。行政的な配慮や支援が望まれるところです。

■参考文献

岩田純一　二〇一一　子どもの発達の理解から保育へ――〈個と共同性〉を育てるために　ミネルヴァ書房
岩田純一　二〇一四　子どもの友だちづくりの世界――個の育ち・共同のめばえ・保育者のかかわり　金子書房
宮地尚子　二〇一三　トラウマ　岩波書店（岩波新書）
中西昌子　二〇一六　徹底的に子どもの側に立って考える保育を育む　無藤　隆・古賀松香（編著）社会情動的スキルを育む「保育内容　人間関係」　北大路書房
西澤　哲　二〇一〇　子ども虐待　講談社（講談社現代新書）
菅原ますみ　二〇〇三　個性はどう育つか　大修館書店
杉山登志郎　二〇〇七　発達障害の子どもたち　講談社（講談社現代新書）
渡辺久子　二〇〇四　愛着とこころの発達　教育と医学　No.61, p.6.　慶應義塾大学出版会

3章

保育におけるしつけ

1 はじめに

「しつけ」は英語〝discipline〟の和訳にあてられていますが、「しつけ」の本来の語源は裁縫のしつけに由来するそうです。裁縫においては、最終的に美しく仕上がるように、最初に型をとった縫目が狂わないように、大まかにその縫目を糸でしつけておくのです。そのようにしつけておき、縫い終わっていくと順次しつけ糸ははずしていきます。その行為が子育ての過程にもたとえとして当てはめて使われるようになったのです。「しつけ」とは漢字で「躾」と書き、まさに子どもを一人前にする（まさに人として美しく仕上げる）ために親が子どもの行動に型（しつけ糸）をつけ、子どもが自立してくる過程でしつけ糸をはずしていく行為にたとえられるのです。その意味で、しつけとは、子どもがしつけ糸をもはや必要とすることなく、やがては独り立ちできるようにしていく過程ということになるのでしょうか。大人は文化的な規範や社会的約束事（慣習）をしつけていくのですが、そのなかで子どもは、大人から許す・許されない（良い悪い、適不適な）諸行為があることに気づいていくことになります。しつけを通して、子どもは自分の行為の社会的な意味が問われていくのです。

　しつけは家庭で始まりますが、それは家庭だけで終わるものではありません。やがて子どもは園という集団生活を経験することになり、そこでのしつけも、家庭におけるしつけに劣らず、子どもが社会的な存在として育つのに大きな意味をもってきます。園に期待されるしつけの役割も大きいのです。

子どもが保育所（園）や幼稚園に入ると、仲間との集団の生活が始まります。そのなかでは園生活におけるしつけも大切になり、保育者にとっても重要な仕事になってきます。園生活のなかでは、安全のために子どもが守らねばならない約束事や決まりがあります。また共同生活のなかで、自分の欲求や主張だけにしたがって行動することに規制がかかってきます。子どもはそのような約束事や集団生活のルールを学んでいかねばならないのです。もちろん、クラス年齢が上がるとしだいに守ることが要求されるルールも増えてきますし、それらを守れなければ保育者から厳しく注意されるようにもなります。そのようなしつけのなかで、しだいに子どもの規範意識も培われ高まってくるのです。

そこで、保育の場のしつけを通して、まず子どもの規範への意識がどのように育ってくるのかを述べたいと思います。

2 規範意識の育ち

園では、子どもの安全管理や共同生活といった観点から、しつけを通して子どもたちには約束事やルールを守ることが求められるようになります。しだいに、そのようなルールはみんなが守らねばならない規範として意識され、それに従わねばならないといった自覚もできてきます。そうは言っても、まだ年中児では他律的なニュアンスが色濃く残っています。保育者から注意される、叱られるので守るといったニュアンスがまだ強く残っているのです。したがって、約束事や決まりを守れない仲間をみつけると、「～くんが、こんないけないことをした」「～ちゃんが、してはいけないことをしようとしている」と、権威をもつ保育者に注意してもらうといった姿も特徴的にみることができます。

しかしながら年長児になると、ルールへの意識も自律的なものになってくる様子がみられます。保育者と約束したルールや決まりを守らない仲間に対しては、自分たち仲間内で注意し合う・諭すといった行動がみられるようになってきます。最初は保育者から言い聞かせられた約束事やルールであっても、それが、自分たちで守り合い、お互いの行動を自発的に調整していく自律的なルールとなっていくのです。だからこそ、たとえ注意する保育者が傍にいなくても、自分たちでルールを守って行動できるようになってくるのです。

このことは、つぎのサボツキー（Subbotsky, 1993）の研究からもうかがい知ることができます。図３－１のように、手を使わないでバケツに入ったピンポン玉をL字型シャベルで別の容器に移すことが実験に参加した子どもに求められ、うまく移せればテーブルにあるほうびがもらえるといった課題がいくつかの条件下で行われました。その実験結果の一部をみてみましょう。

条件１　訓練セッションでは少し凹面のシャベルが与えられ、容易にピンポン玉を移すことができます。本番では実験者が部屋を離れている状況で、課題を一人で遂行することになりますが、その際、子どもが気づかないうちに中高《なかだか》の凸面シャベルに取り替えられ、そのシャベルでは玉を移すことは不可能になります。そのよ

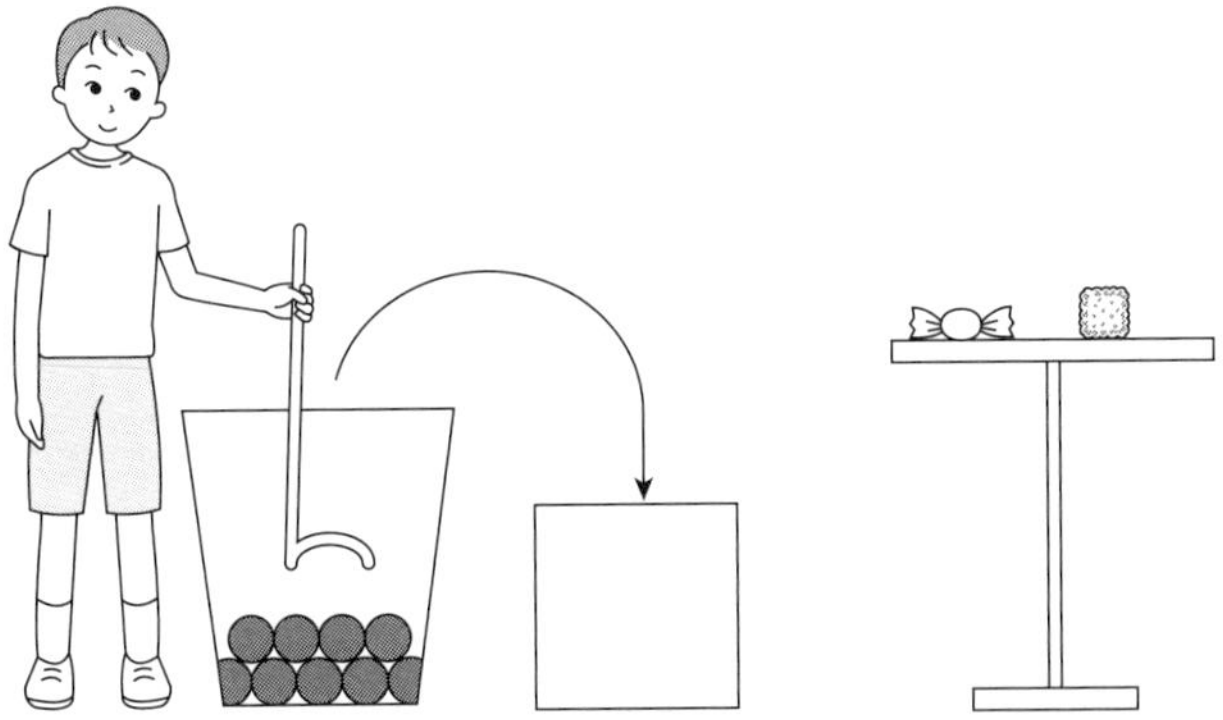

図３－１　子どもの道徳的行動の発達をみる実験課題
（Subbotsky, 1993より作成）

うな状況になっても、果たして子どもがルールを守るかどうかをみる課題条件です。

条件2　条件1と同じような課題状況ですが、その本番前に、先に別のモデルがするのをみせられます。実験者が部屋を離れている際、そのモデルは手で移し、戻ってきた実験者にはルールを守ったと嘘をつき、まんまとほうびをもらうほかの子どもの行動がみせられるのです。そのようなモデルの行動をみて、実験者にばれたり罰せられる恐れが軽減されたときにも、なお子どもはルールを自発的に遵守できるかどうかをみる課題条件です。

条件1、2いずれも、実験者の言いつけ通りにルールを守ればほうびはもらえないといった葛藤的な場面での行動です。ことばだけによる事前の質問調査では、三歳児からでもルール違

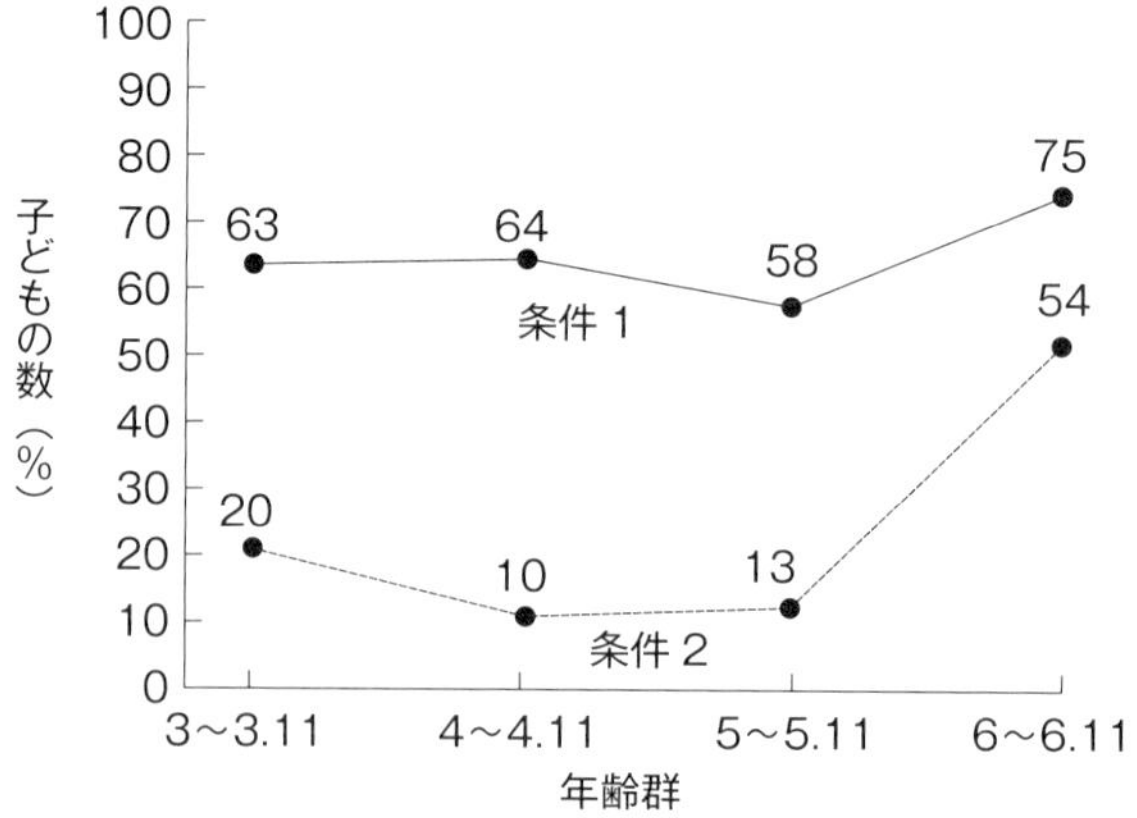

図３－２　道徳的な自律心（Subbotsky, 1993）

反が悪いことであり、自分はしないとみな答えています。しかし図3－2の結果をみると、実際に遂行する条件1では、ルールの遵守行動は三歳児では六〇％くらいに減少しています。六歳児で七五％と少し高くなりますが年齢間での割合にはあまり違いがみられません。ルール違反してもばれる恐れがないモデル行動をみた条件2では、さらに子どものルール遵守は減少しますます。しかし六歳になると、それまでの低い割合から五四％へと急激に増加するのがみられたのです。これは、年長児の頃にはたとえ自分のルール違反がばれる恐れがなくても、たとえほうびがもらえなくても、ルールを自発的に守るといった行動がしだいに可能になってくることを示唆しています。叱り・罰するおとなの目（監視）がなくても、自分が大人と約束したルールを自律的に守って行動しようとする力が育ってくるのです。そこに、他律から自律への心や行動への芽生えをうかがうことができます。子どもは、このように自律的に振る舞える自分に肯定的な自己感覚を培っていくことにもなるのです。

このことは、仲間との遊びにおいてもみられます。年長児では、お互いの行動を自発的に調整していく行動がみられるようになり、遊びの決まりやルールを守れない子どもは仲間から厳しく非難され、ときに〈われわれ〉の遊びから排除されることにもなります。

年長児は、仲間と勝ち負けや優劣を競い合うといった遊びを好みます。たとえば、鬼ごっこや泥警（ドロケイ）といった園庭での遊び、すごろくやカードを使った室内のゲーム遊びなどを好んでする姿がみられます。そこで仲間と競い合って公平に遊ぶためには、遊びのメンバーがその遊びのルールを守ることが相互に求められるのです。ルールを守れるかどうかが遊び仲間としての掟《おきて》ともなってきます。勝ちたい思いはみんな一緒ですが、ルールを皆で守り合わなければ、みんなと公平に競い合う遊び自体が成立しません。だからこそ遊びにおいて、フェア・アンフェア（公平・不公平）といったことや、メンバーのルール違反が子どもたちに強く意識されるようにもなってくるのです。そこで一人でもルールを守らないと、〈われわれ〉皆の遊びが成り立たないからです。このような競いあう遊びを通して、公平なルールをみんなで守り合うこと、ときに公平さをめざして自分たちでルールを工夫することの必要性が学ばれ、規範への意識が培われていくことになるのです。

◇年長児が園庭で紙飛行機の飛ばし合いをしている。最初は、皆が好き勝手に飛ばしていたが、どこまで飛ぶかの競争が始まった。何度か飛ばすが、皆の飛ばす位置がバラバラで「前に行き過ぎ」などと文句が出て口論になる。いつもは目立たない子が、園庭に引いてあったコートの白線を利用して一列に並んで飛ばすことを提案する。それが受け入れられ、皆が線上から飛ばすが、ふたたび飛ばしたいためすぐに取りに行くので、誰が一番遠くに飛んだかわからなくなり、またまた口論になる。すると別の男児が園庭に落ちている小枝をもってきて、「落ちたところに枝を置いたら」と提案する。「本当や！ そうしよう」とほかの子どもも賛同し、そのあと子どもたちは飛ばし合い競って楽しんでいる。（10月）

紙飛行機を飛ばし合ううちに誰が一番遠くへ飛んだのかを競う遊びになり、そのなかで競うための公平な条件が必要なことに気づき、自分たちで飛ばし合いのルールを決めていくといった姿が上のエピソードからみられます。このように公平なルールを工夫し、ときに遊びをおもしろくするためのルールをみんなで考えていくこともできるようになってきます。

遊び以外の生活場面においても然りです。同じく年長児でのエピソードをあげます。

ある園では、牛乳を飲む時間、グループの誰が牛乳パックをあけるか、どんな順番で入れていくかなどを子どもたちがじゃんけんで決めていました。

◇当日はS男が開けることになったが、T男が牛乳をもって開けた。それに対してS男やK男は、じゃけんで決めたことは守れと非難の声をまくしたて抗議する。……牛乳を入れる段になって、今度はK男が女児のE子につぐはずの順番に、S男が牛乳パックをもって入れようとしたので、E子は「Sくんに入れてほしいんじゃない」と、決めた順番を守らないS男にきつく言う。そう言われておもしろくなさそうな表情のS男の気持ちを察して、

E子は「Sくんに入れてもらっても同じだからいいけど」と、気を取りなすように言い直す。しかしE子にきつく言われたS男は泣き出してしまい、E子は「ごめんね」と言うが、「お前はいっつも（いつも）話を聞かない、だから嫌われるんや」と、まわりのメンバーから声があがる。

（6月の終わり）

このエピソードにもみられますが、せっかくみんなで決めた順番を守らない子どもは〈われわれ〉の共同の生活を乱す者として仲間から厳しく批判されています。年長児になると、いくら力が強くても声が大きくても、みんなで決めたルールや約束事を守らない子どもは、ときに〈われわれ〉の遊びや生活から孤立していくことにもなるのです。そこに、自律的な規範意識が育ってくる子どもたちの姿をみることもできます。

つぎのエピソードは、十一月下旬の作品展に向けて、年長児は自分たちのグループごとに話し合って作品制作をしているある園のクラスで垣間見られた光景です。子どもたちがライオンをつくっているときの五、六人のグループの様子です。

◇Y男は自分の気持ちを押し通そうとするタイプで、今までは自分の思いが通ってきた。そのY男が「おれがライオンの体作る、お前らは足な」と、一方的に自分の意見を通そうとする。ほかのメンバーから「何でお前が決めるねん、勝手に決めんなよ」と声が上がる。Y男は「うるさいな！」「そんなんやったらやらんでいいよ」と開き直って言う。みんなが自分の思い通りにすると高をくくっている。しかし、みんなは「ほんなら一人でしろ」とその場から立ち去ろうとする。Y男は「みんなで作らなあかんやろ、ライオングループやのに」と言う。みんなは「せんでいいって言ったやろ、みんなの作品やから……みんなで決めるんやったらやる」と答える。Y男は「わかった……やる」と、少し沈黙があった後で言う。みんなの「みんなでやろう！　強く言ってごめん」に、Y男も「おれもごめん。一人で決めて。でもどうしても体が作りたかってん」と、自分の本音を言う。みんなが「そうか。じゃ、誰が何を作るか話し合って決めよう」という提案に、Y男は「わかった、話す」と晴れ晴れとした表情でこたえる。（10月）

（第十七次プロジェクトチーム岩田班　研究紀要、二〇〇九より）

このエピソードでも、みんなの約束を守らず自分勝手に要求を通そうとするY男に対し、「そんなら一人でしろ」といったメンバーからの厳しい排除がみられます。

前述のエピソード群にもみられるように、年長児とはいっても、そこにはさまざまな育ち水準の子どもたちが混在し、状況によってはこのY男のように、まだ自分だけの要求を押し通そうとする子どももみられます。しかし、グループのルールを無視した自分勝手では、ほかの仲間に受け入れてもらえないことを実感させられるのです。このような仲間との体験を通して、ときに自分の欲求を抑えて、みんなで決めたルールにしたがって行動する必要性に気づかされるようになります。その意味で、仲間と一緒に遊ぶという体験の深まりが相互の規範意識を促し、培っていく大切な契機となるように思います。

しかし、そのような子どもの育ちは、保育者の子どもへのかかわりと無関係に生じるものではは決してないのです。保育の場でのしつけが大切になってくるのです。

3 保育におけるしつけとは

入園したばかりの子どもは、園のなかで何をすることが許され、何をすることが許されないか、何をどのようにすべきかなどがまだわからない状態です。だからこそ保育者は、園のなかで共同生活を送るために、してよい行動とよくない行動の間にけじめをつけ、集団生活のルールをしつけ教えていく大切な役割を担うのです。保育者はどのようにしつけていくのでしょうか。保育者が子どもをしつけていこうとする際の要点を少し考えてみましょう。

(1) ほめるということ

どの子どもにも良い所(長所)と同時に悪い所(短所)がみうけられます。ほめるというのは、子どもの良い面(点)をみつけ認めるという行為です。保育にあっても、子どもの欠点やアラばかりをみつけて叱るのではなく、子どもの良い所をみつけて伸ばしていこうとする姿勢が大切になります。俗に言われる、プラス思考で子どもをまなざしていくことの大切さです。しつけの際にも有効な手立てとなります。子どもが好ましいこと、望ましいことをしたときには積極的にほめてあげるのです。そのような子どもへのまなざしが、子どもの良い面をさらに伸ばしていくことにもなるのです。「言われなくても自分でできたのね、えらいね」などのように、そのがんばりをほめるといったことも、子どもから育ってくる力を後押しするうえで大切です。ほめられれば子どもの自己評価(セルフエスティーム)が上昇し、ヤル気も出てきます。

自分がうまくできたとき、子どもはそれをほめられるとうれしいし、そのようにほめられたことをまたがんばってしようとします。また子どもは、ほめられた自分に自信や肯定感情をもつようにもなるのです。〈ほめて育てる〉とは、まさに、このことを言うのでしょう。

(2) 叱るということ

しばしば教育論のなかで〈愛と規律〉という原則があげられます。しつけにあっては子どもをほめるだけでなく、保育者がどうしても許容できないときは、その行動に対してはっきり叱るということも他方では大切になってきます。〈規律〉を守らせる際、叱るというしつけも重要になってきます。もちろん、叱るにも叱り方が大切になります。注意をきかない子どもに対して、有無を言わさず力ずくに訴えるとか、むやみに感情的になって叱り、威すといったこともよくみられます。いつの間にか保育者は、つい感情的になって過去の出来事までをあげつらって叱ってしまうこともあります。しかし、そのような叱り方では、子どもは、今、何について自分が叱られているのかわからなくなってしまいます。また、子どもは叱っている保育者に反発さえ覚えてしまいます。

これでは、叱ることの本来の意味が薄くなってしまうことにもなり、しつけの本意が効果的に伝わらずしつけの効果も薄く、子どもが一時的には言う事を聞いたようにみえても、ときに保育者への反感や不信だけが子どもに残ってしまうことにもなってしまいます。また、保育者がルールを守れない子どもを「どうして〜ちゃんだけが」と、思わず他児と比較して叱る・けなすといった保育もみられます。たとえ、これが叱咤激励を意図してなされたとしても、子どもは結果的に自分に自信を失し、ときに否定的な感情を抱かせてしまうことにもなってしまうのです。これらのことに注意する必要があります。

子どもを叱るときには、なぜそのことがいけないことであり、なぜ叱られなければならないのかを子どもがわかる（納得できる）ようにしっかり、根気よく、繰り返し説明することが大切です。いわゆる、言って聞かせる（効《き》かせる）ことです。感情的になって怒るのではなく、冷静に叱ることが大切なのです。

発達研究からも、〈なぜそれがいけないことなのか〉とか、〈被害を受けた相手がどのような気持ちになるか〉〈みなが、どのように迷惑なのか〉〈そのことがどんな結果をもたらすのか〉などをわかるように言い聞かせながら行動の善し悪しを教えていくことが大切であり、それが道徳的な心の育成には効果的であると述べられています（Hoffman, 2002）。

同じことが保育者を母親に置き換えてもいえます。三歳児をもつ母親への質問紙に基づく日本の研究（水野・本城、一九九八）において、「出された食事を食べない」「壁にいたずら書きする」「意地悪されて泣きながら帰る」「買い物の途中でぐずる」「レストランで走り回る」「ほかの子どもの玩具をとりあげる」「友だちの遊びの輪に入れない」といった場面で、なぜそれがいけないのかを「お母さんが一生懸命つくったんだから食べてくれないと悲しい」「好き嫌いなく食べなければ大きくなれないの」のように理由をあげ説明的・説得的にしつけをする育児者の子どもは、自己を抑制するだけでなく、他方では自己を主張するといった自己調整の能力が高いそうです。また外国の研究でも、「あなたがかれにオハジキを分けてあげないと、もしかれが分けてくれないときにあなたが感じるのと同じようにいい気がしないよ」「あの子を押し倒して人形をとったら、あの子は怪我をして悲しく思うよ」といったように、自分の行動が他者にどのような影響を及ぼすかを説明する育児者の子どもほど、道徳的な心情や行為の発達が良いと報告されています（Hoffman, 2000）。これらの研究をみると、しつけにおいて子どもを叱る際には、保育者がそのような説明的、説得的なしつけをすることが、規範的・道徳的な感情や行動を培っていくように思います。

しかし、効果的にほめる・叱るには、やはり保育者と子どもの信頼関係がその基底にあることを忘れてはなりません。しつけを有効にさせる基盤として、保育者と子どもの情緒的な信頼関係の形成が大切にもなってくるのです。自分が信頼できる大好きな他者であるからこそ、その他者からほめられるためと同様に、その他者に叱られないためにルールを守ろうとするようになるからです。さらに保育者が目の前にいなくても、「これをすると、大好きな保育者が悲しむな」と、保育者の悲しむ・嘆く・がっかりする様子や状況を想像して、自己の行動を制御し始めるようになってくるのです。すなわち、子どもは大好きな人が自分に対して怒るとか悲しんでいるところ、あるいは喜んでいる姿を想像して、それを自分の行動の内なる指針として取り入れていこうとするようにもなるのです。それが、『保育者にいちいち言われなくとも自律的にする、保育者がみていなくともルールを守る』といった自己調整力を育てていく原動力にもなってくるように思います。

(3) 主体性を大切にする

①自尊心や自尊感情

たしかに〈ほめる、叱る〉が有効なしつけの手段として用いられます。しかし、〈ほめる、叱る〉によるしつけは、保育者から与えられる賞罰（アメとムチ）ともいえます。下手をすると、子どもは保育者の顔色をうかがいながら、保育者から叱られるのが恐いからしない、ほめられたいからするといったことだけに終始します。家庭における親のしつけにおいて、「……しつけの初期には（賞罰という手段は：筆者による補足）無視できぬが、もしそれだけでしつけが成立するなら、それは動物の調教過程と変わりない」「……賞罰によって、始めは反抗しながらも結局はそれに服従していくのがしつけの過程なら、幼児期とはまさに子どもがおとなに服従してゆく屈辱の歴史に他ならないだろう」（岡本、二〇〇四、p.9）と、もししつけが外からの賞罰によってのみ成立するなら、ほめたり叱ったりする保育者が目の前にいるときだけしつけに従うような功利的打算主義の子どもを育てることになると述べます。さらに岡本は、大人のしつけを子どもが内面化し、子どもが真にしつけを受け入れていく過程とは、「自分は今度の誕生日まで待てるのだ」「相手が自分を叩いても、自分は仕返しなどせず辛抱できるのだ」「お兄ちゃんになったから我慢できるのだ」……のような、行為主体としての子ども自身の「誇り」であり「自尊心」による主体的な行為化にほかならないと指摘し、それを支えるものは、「……共同生活を成立させるのに自分の行為が役立っているのだという自覚であり、自分の果たす役割への誇りである（前掲書、p.9）」と述べています。

このような指摘は、まさしく園におけるしつけ保育にも同じようにあてはまるように思います。その意味では、子どもの内にある「誇り」や「自尊心」を大切にし、それに訴えかけるようなしつけも大切になってきます。保育場面でのしつけに際しては、たんに子どもをほめる・叱ることだけでなく、とくに子どもの誇りや自尊心に配慮したような子どもへのほめる・叱るが大切になってくるでしょう。幼児では、とくに「～ちゃんなら、自分でちゃんとできるよね（お約束守れるようになったね）」などと、ほめておだてるといった、子どもの自尊心や誇りに訴えるようなしつけが有効となります。

②子どもへのまなざし

たしかに「叱る」「ほめる」といった賞罰が、子どもの行為をコントロール（統制）するとか、望ましい行動への意欲や動機づけを高めるのに身近で有効な手段となります。しかしながら、そのような大人からの外的な統制の試みが、ときに子どもの主体性の育ちにとっては必ずしも望ましくない働きをする危険性も孕んでいます。たとえば強い指示や命令という形で保育者によるコントロールが常態化しますと、いちいち指示や命令が与えられないと自分からは動けない・動こうとしない指示待ちと言われる子どもをつくってしまうことにもなります。このように保育者からの賞罰で行動を管理・統制ばかりされていると、子どもはいつまでたっても自分で自分の行動を主体的に管理・統制できないことになるのです。既述のように、ほめてもらえないと行動しない、叱られるとやめるという功利主義的な子どもをつくってしまうことにもなるのです。保育者は、賞罰による統制を安易に使いすぎることが引き起こすこのような危険性を理解しておく必要があるでしょう。

子どもの誇りや自尊感情に訴えるしつけは、まさに子どもの主体性に訴えるしつけともいえます。それ以外に、子どもの主体性を大切にしたしつけにどのようなしつけがあるのでしょうか。まずラベルづけという心理学的な研究をみてみましょう。

◆ラベルづけの研究

ほめられたり・叱られたりするために〈する〉〈しない〉のではなく、子どもが自身で自分の行動を主体的にコントロールしているのだという感覚をもたせることが大切になってきます。

外からさせられているのではなく、自分がしているといった感覚です。

以下の二つの実験例は、クラインク（一九八四）の著書のなかにも引用されている小学生での研究（Miller et al., 1975）です。これらは小学生での研究ですが、園における保育者のしつけにも同じようにあてはまるように思います。それらを要約的にみてみましょう。

◇小学二年生に、非常に魅力的なオモチャをみせるが、それに触ることは禁じられます。その際、強い罰条件と弱い罰条件群が設けられ、前者では「もし触ったらたいへん怒るだろう」と言われ、後者では「約束を破ったらガッカリするな」のような教示がなされるのです。そのあと、実験者は少し用事があるからといって部屋を離れてしまいます。そのとき、子どもが禁止されているオモチャに触るかどうかが観察されたのです。それから三週間ほどして、それらの子どもをふたたび連れてきて、ミニチュアのボウリングゲームをさせます。このゲームで子どもにとって魅力的な賞品をもらうためには、どうしても合計点を実験者にごまかして報告しなければなりません。得点がそうなるようにゲームが作ってあるのです。実際には最高点が三八点くらいでしかないにもかかわらず、賞品をもらうためには四〇点以上でなければならないからです。実験者は「ゲームをしておいてください。私は、ちょっと部屋を外しますから」と指示し、ゲーム終了後に帰ってきて、子どもに自分の得点を自己報告させます。その際、子どもがどれくらい嘘をつくのかが調べられたのです。その結果、興味あることには、強い罰条件の子どもたちのほうが嘘をつくことがより多く、弱い罰条件の子どもたちのほうがより正直な報告をすることがみられたのです。

◇学校でごみを散らかさないという行動のしつけについての研究です。今まで、同じ程度にごみを散らかしていた二つのクラスが実験の対象です。Aクラスでは、教師が「ごみを散らかすことはよくないことである」というところから説諭的な議論が行われ、散らかすことを禁止するポスターも貼られます。校長は特別巡回を行い、教室内がいかに乱雑であったかを指摘し、用務員は掲示板に床のごみがいかに散らかっていたかをメモにして貼り出します。他方のBクラスでは、教師は説諭より「あなたたちは、みんなきれい好きで、他のクラスの子どもたちのようにごみを散らかしたりはしないでしょう」と語りかけるのです。さらに、校長が巡回したときは「教室がきれいになった」とほめ、用務員のメモには、この教室の清掃がとても楽であったとメモに記されます。このようなクラスによる異なるかかわりが八日間のコースでなされました。それから、数週間後、ごみを散らかす行動がどのように変化したかが調べられたのです。その結果、Bクラスの子どもたちは、明らかに自ら進んで整頓し、ごみを散らかさないように変化したのです。一方、Aクラスの散らかし方は以前とほとんど変わらなかったのです。

これらの実験例は、教育現場でのしつけ的な状況ともいえます。そこでは、子どもへの教師の態度（まなざし）が、そのことばかけやかかわり方によって伝えられています。最初の例でいうと、強い罰条件の処遇は「きみたちは、強い罰を与えないと言うことを聞かない他律的な存在である」という教師のまなざしを、弱い罰条件では「きみたちは、強い罰がなくとも、自分たちで自律的に約束事を守ることができるはずである」という教師のまなざしを子どもに伝えていることになります。後者のごみの散らかしに対する教師たちの対処の違いも同様です。

これらは、たとえ同じ子どもの行動であっても、それを自らが能動的にしているといった感覚をもたせるような態度やことばかけが大切になることを示唆しています。外からの力でさせられているのではなく、自分からしているといった感覚を子どもに抱かせることの大切さです。それは、自分が他者のコマとして動いているのではなく、自らがコマの指し手となっているという行為主体としての能動的な自己感覚を子どもにもたらすことになります。

これらの実験の対象は小学生ですが、基本的には幼児でも同じことだと思います。そのような子どもの主体性に訴えるようなしつけ方の姿勢こそ、「自分はできるんだ」といった有能感をもった自己を育んでいくことにつながるように思います。

クラインク（一九八四）は、「われわれは、人の好ましい自己知覚を強調することが、人を説得したり（あるいは口やかましく言ったり）、好ましくないラベルづけをしたりするよりも人の行動により大きな影響を与えることができる二つの理由をあげることができる。その第一は、人の好ましくない行動をたえず強調することは、人の好ましくないラベルづけをすることになり、その結果その人は好ましくない自己知覚と一致する方向で行動することになるということである。第二は、説得の結果、人が自分の行動を変えるとすれば、その新しい行動は自分自らが選んだものではなく、他人からの説得によるものとされるから、その行動は長続きしないということである（p.121）」と、その著書のなかで述べています。第一は、子どもの好ましくないところやできないところばかりを叱るのではなく、子どものよいところをみつけてほめることの大切さを示唆しています。第二は、しつけに際しては、外からの指示や命令、説教によって〈やらされている〉のでなく、自らが選んで主体的に〈している〉という能動的な自己の感覚を子どもにもたせるような言葉かけが重要であることを示唆するものです。これらのことは、保育者による、子どもへのかかわり方、子どものしつけ方を考えるに際しても重要なヒントとなるように思います。

◆待つということ

保育のなかで子どもは受身的にしつけられていくだけではありません。子どもは約束事、決まり、ルールを守れるようになってくる自分に誇りを抱くようにもなっていきます。じつは、そのような自尊心や自負心が、自主的な行動や自律へ向かう子どもの育ちを支えていくのです。

主体性を大切にする際の要点には、ときに子どもからの主体的・自発的な行動の出現を待つ、自発的な行動を見守る・励ますといったしつけも大切になってきます。そのような「子どもがするのを待つ（見守る）」という間《ま》が、逆に子どもの自発性、自主性を引き出すことにもなるからです。間断なく保育者の指示を受けてサセラレテイルだけでは、いつまでたっても受動的な自己の感覚しか子どもには育ってこないように思います。これでは、せっかくの保育のしつけが、自分でしようとする自主性や、自分でデキルといった子どもの能動的な自己の感覚が育つ芽を摘んでしまうことにもなりかねません。

それでは「待つ」とはどういうことでしょうか。親の子育てにおける「待つということ」について、哲学者の鷲田（二〇一〇）はつぎのように述べています。鷲田は、「向こうが勝手に熟成するのを待つ─子育ての場合なら、子どもがいろいろ冒険をして、ときには痛い目にあっても放っておいて、少し離れたところから静かに見守り、子どもが自分で気づくのを待つ、そう子どもが勝手に育つのを待つ……（p.87）」のように、「待つ」姿勢や態度を述べています。

これは、保育における「待つ」とはどういうことかを具体的に考えさせてくれるヒントになります。つぎのような事例を目にしたことがあります。

ある幼稚園に一人の身体に障害をもった子どもが在園していました。その子が、遊び時間にたまたま石につまずいて倒れたのです。そのとき保育者は、その子をすぐには助けないで、倒れたそばでじっと子どもの顔を見守っていました。まわりにいた子どもたちは同情の気持ちから、なぜ助けないのかという目で保育者をみています。保育者が意地悪でそうしたのではなく、それには保育者なりの考えがあったからです。それは、保育者が自分の力で立たせてやりたいという気持ちをもって待っておられたのです。そのような保育の背景には、こんなとき、もうそろそろこの子が自分から起き上がれるはずだという見通しをもっておられたからです。その思い通り、その子は自力で立ち上がったのです。それをみたまわりの仲間からの賞賛の声で、この子の顔は自分で立てたと同時に、待ってくれている先生に応えられたという喜びの表情で一杯だったそうです。

このようなことは何も障害をもった子どもだけのことではありません。子どもの育ちの状態をしっかりみすえながら、子どもの一歩先を見通し、期待を込めて見守りながらの「待つ」こと、すなわち保育の間の大切さを示唆したものです。もちろん、保育のなかでは保育者が素早く、適切に指示するとか介入することも大切です。しかし、他方では、このように子どもからの能動性・主体性の発揮を待つこともそれに劣らずしつけの大切な要点になるように思います。そのためにも、一人ひとりの子どもの育ちの状態をしっかりとらえていく保育者の目や、見通しをもった子どもへのかかわり方が求められるのではないでしょうか（4章を参照）。

（4）ユーモアの心

しつけの状況は、保育者や子どもにとって緊張をはらむ場面であり、ときに後味の悪いストレスを両方が体験することにもなります。そんな状況にあっては、子どもとかかわる保育者のユーモアの心が余計に必要になると思います。

ユーモア（humour）は、ときに不真面目のように受け取られますが、ユーモアという語にはもともと体液という意味があります。体液は体の潤滑油であり、そこからユーモアとは、人間関係をスムースに流れさせる役割、すなわち緊張した対人的な関係や場の雰囲気をときほぐす潤滑油のような役割を果たすものとしてとらえられています。ユーモアによってギクシャクした人間関係を軽減し、互いが親密感や一体感を味わうといったことにもなります。そのことは、小学校などの調査で人気のある先生の条件に〈ユーモアがある〉が上位を占めていることなどにもうかがえます。そのようなユーモアの心は、幼児期の保育者にも求められるのではないでしょうか。

ところでユーモアとは、どのような心のあり方なのでしょうか。ユーモアが言えるには、自分を含めた人間の弱さや矛盾を寛大な態度でながめ、かつそれを楽しむ自己諧謔的な心の自由さ、心のゆとりといったものが求められます。自分自身を相対化し、ときに自己自身をばかにしてみる心のゆとりです。心理学的に少し難しくいえば、ユーモアが言えるには、自己洞察力（省察力）や、状況に合わせて自分の行動や感情の表出を自己監視（self monitoring）していく柔軟な能力が求められるようです。すなわち第三者的な目で自分自身を客観的・相対的にみる能力とでもいえるでしょうか。それらの能力が、ユーモアに溢れるジョークや機智に富んだ表現を生みだしていくのです。もっとも、これは権威主義的な保育者や教師には難しいことになります。

じつは、このユーモアの精神が、しつけの過程を含めて、子どもとかかわる保育者にとっても大切な資質になるように思います。保育者には、子どもを上からしつけていくだけでなく、一方で自分の中にある人間としてのおろかさとか欠点をみすえ、ときにそれを子どもの前で笑ってみせるだけの勇気と精神的なゆとりが必要になります。このようなユーモア精神の欠如こそ、子どもの弱点や悪い部分はめざとくみつけてはヒステリックに叱り、子どもに皮肉を言ったり、嘲笑したりするが、自分のなかにも矛盾や欠点・弱点があることを認めようとしない権威主義的な保育に陥らせてしまうことにもなります。その結果、自分の行うことは常に正しく間違いがないと信じて疑わず、子どもに自分の考え方や思いを無反省的、権威主義的に強要することにもなるのです。

保育者自身が人間としての自らの弱点や矛盾を見据えられるということは、子どものかかえる弱みや弱点にも共感的に思い巡らせられることにつながり、それを踏まえたうえでの機智に富んだ保育的なしつけを可能にしていくのではないでしょうか。

子どもにとって保育者のユーモアは、同じ人間として弱みや、欠点、矛盾を保育者が共感してくれるサインとなり、保育者への親しみや親愛の情を引き出すことにもなります。そのような関係が、一方ではときに厳しいしつけの効果をあげていくことになるようにも思います。厳しさのなかにユーモアがあり、ユーモアのなかに厳しさがあってこそしつけも効果的になされるのです。そのような保育者は、ときに子どもから教えられ、保育者として子どもとともに育っていくことが可能になるように思います。このことは、家庭における親子の関係、小学校以降の教師と子ども関係においても同様にあてはまることです。

ユーモアの感覚や心（精神）は、どのような子育てにあっても大切なように思えます。その意味で、子どもへの保育的なしつけにおいてもユーモアがもつ意味をもっと見直してもよいのではないでしょうか。また、そのようなユーモアをもって接するおとなの態度が、知らず知らずのうちに、子どもにもユーモアの精神を育んでいくように思います。

4 まとめに

園生活のなかで、子どもをしつけていくことは保育の大切な責任や仕事です。しつけは、たんに賞罰という外圧の過程によるだけではありません。しつけの過程において、子どもの誇りや自尊感情に訴える、子どもの主体的な行動を待つ、励ます、促す、認めるといった内からの主体性を培うようなしつけをすることも求められるでしょう。子どもの主体性の育ちにとっても、保育者はそのようなしつけ方や、しつけの関係を保育の場のなかでつくっていくことが望まれるでしょう。

■参考文献

第17次プロジェクトチーム岩田班・研究紀要　二〇〇九　5歳児が幼稚園で生活する意味を問い直す　大阪府私立幼稚園連盟教育研究所

Hoffman, M.L.　2000　*Empathy and moral development*. Cambridge University Press.

岩田純一　一九八一　主体の復権──育児と育児書　言語生活　No.351, 42-49. 筑摩書房

岩田純一　一九八八　乳幼児の発達　（金沢大学公開講座テキスト・63）金沢大学教育開放センター

岩田純一　一九九八　〈わたし〉の世界の成り立ち　金子書房

岩田純一　二〇〇一　幼児教育の基本　岩田純一・河嶋喜矩子（編）新しい幼児教育を学ぶ人のために　世界思想社
岩田純一　二〇〇一　〈わたし〉の発達――乳幼児が語る〈わたし〉の世界　ミネルヴァ書房
岩田純一　二〇〇二　自己を作る鏡と鑑　梅本堯夫（監修）落合正行・土居道栄（編）認知発達心理学　培風館　pp.229-251.
岩田純一　二〇〇五　子どもはどのようにして〈じぶん〉を発見するのか　フレーベル館
岩田純一　二〇〇九　ルール意識と自律性の育ち　児童心理　No.842, 11-16. 金子書房
岩田純一　二〇〇八　記憶と自己の発達　心理学評論　Vol.51, 24-36. 心理学評論刊行会
岩田純一　二〇一一　子どもの発達の理解から保育へ　ミネルヴァ書房
Kleinke,C.L.　1978　*Self-perception : The psychology of personal awareness.* W.H.Freeman and Company, San Francisco. 島津一夫（監訳）一九八四　自己知覚　誠信書房
水野里恵・本城秀次　一九九八　幼児の自己制御機能：乳児期と幼児期の気質との関連　発達心理学研究　*9*, 131-141.
Miller, R.L., Brickman, P., & Bolen, D. 1975　Attribution versus self-persuation as a means for modifying behavior. *Journal of Personality and Social Psychology, 31,* 430-441.
岡本夏木　二〇〇四　生活と意味――しつけ再考　発達　No.100, 2-10. ミネルヴァ書房
Subbotsky, E.V. 1993 *The birth of personality.* Harvester Wheatsheaf.
鷲田清一　二〇一〇　わかりやすいはわかりにくい？　ちくま新書　筑摩書房

4章 保育における体験

1 はじめに

保育のなかで、子どもに豊かな体験をさせることの必要性や重要性はいうまでもないことです。ところで、「体験」と同様に「経験」ということばもあまり意識しないで同義的に使われているように思います。そのことは、幼児教育や保育の専門書においても、また幼稚園教育要領の中の解説書においてもしかりです。

ちなみに手元にある国語辞典を引くと、両語には以下のような意味の定義が一般的にされています。どの辞書の定義をみてもこれと似たようなものです。

「体験」とは、自分が実地に経験すること。また、その経験。

「経験」とは、実際に見たり聞いたり行ったりして、まだしたことがない状態から、したことがある状態に移ること。また、それによって知識・技能などが身につくこと。その身についた知識・技能のこと。

この定義では、よくわかったような、わからないような区別です。それでは、「体験と経験」という語に共通にある「験《けん》」とはどのような意味なのでしょうか。それを手がかりとして「体験」と「経験」の区別を考えてみたいと思います。「験」という語には、「しるし。あかし。ききめ。証拠となる事実」のような辞書的意味が書かれています。しるすとは、印す、記す（標す）ことを表しています。すると、「体験」と「経験」では、どうもそのしるし方が違うのではないかと推測されます。

2 体験と経験

そこで少し理屈っぽいですが、体験と経験という二つの異なる言葉の間に、筆者なりの区別を立てて考えてみました。「体験」とは、文字通りに、体を通して実地に体験された出来事（事実）を身体的な印象として〈しるす〉というニュアンスが強いのではないでしょうか。他方、「経験」は体験したことをいちど対象化して〈しるす〉ことによって、体験したことが自分なりに意義づけられた位相ではないでしょうか。

言い換えると、体験が感覚的・身体的な印象で〈しるす〉レベルに留まっているのに対して、その体験を対象化して、自分なりに意義づけしたのが「経験」ということになるように思います。対象化というのは、距離をとって自分の体験をながめるということです。自分なりに体験を対象化することによって、それは知識としてより一般化して〈しるす〉ことも可能になっていくのです。よく耳にする「体験から学ぶ」「体験を深める」といった表現は、まさに対象化された体験が経験となって沈殿していく過程を意味しているように思います。

したがって体験と経験は連続線上につながっていますが、まったく同一のものではなく、対象化の過程によって、子どもの体験されたことの一部が取捨選択されて経験になっていくように思います。教育や保育の現場では、「たんなる一時の体験に終わらせず、その体験から何かを学び取ってほしい」「つぎに体験を活かしてほしい」「過去の体験とつなげてほしい」といった表現がよく聞かれますが、これらは、まさに体験の経験化（体験からの学び）の試みをめざしているといえるでしょう。

3 体験が深まる

子どもが園において日々に出会うものごとは、文字通り子どもの五感を通して体験されています。しかし、体験したことがらの多くは、そのままではあまり意識されず漠然としたままで過ぎ去り、あまり意味ある記憶として残らないことになります。

しかし、もし体験する者にとって、その体験が印象に残り意味づけられるとき、その体験は自分のなかで経験へと深められていくことになるでしょう。そのように心に沈殿した体験は意味づけられ、そこから知識や技能を学んでいく経験となっていくように思います。

その意味からすると、保育的な働きかけとは、保育者が子どもの体験を一時的なだけの体験に終わらせないで、それらの体験をいかに経験として深めていくかの営みでもあります。すなわち、保育の場において、子どもにとって体験を意味ある体験として深めていくこと（体験の経験化）を促す働きかけが大切になってくるのです。

日常の保育のなかでも、保育者が意図的かどうかは別として、結果的に子どもの体験を深めると思われる働きかけをしています。思いつくままいくつかの保育活動を羅列的にみてみましょう。

（1）体験を語らせる

子どもは、日々の遊びや生活のなかでさまざまなことを体験します。保育のなかで、それらの体験を振り返り語らせるといった活動がみられます。じつは、子どもが体験を振り返って語るということは、体験したことを対象化する行為にほかならないのです。自ら体験したことを他者に語るには、それらを一度対象化し、整理しなければならないからです。まさに体験を対象化し、見つめ直し意味づけていくこと、すなわち体験の経験化を促すことになるのです。

このような振り返り活動は、「今日はどんな遊びをしましたか？」「どんなことがあったの？」と、保育者に促されるかたちで年中児になる頃からみられ、年長児にはそれが一般的になってきます。一日の遊びが終わったあとで、その日の仲間との自由遊びの内容や取り組みをみんなの前で振り返らせるのです。みんなが揃っている前で、子どもたちが取り組んでいる遊びの製作物をみせながら、グループで今日はどんな遊びをしていたか、つぎにどうしていくのかなどを子どもたちに語らせるのです。その際に、保育者が以前にしていた子どもたちの遊び体験を思い出させ、今の遊びとのつながりに気づかせたり、今の遊びのなかに生かすことを促す働きかけをすることも、子どもの遊びの体験をつなげ、深めていくうえでは大切になってくるように思います。

また年長児の頃には、保育中に大きないざこざなどが起こったとき、その体験の当事者だけでなく、保育者はそのような出来事をみんなの問題として取り上げ、なぜいざこざになったのか、同じような状況になったらどうしたらよいのかなどをみんなで考えさせるといったこともよくみられるようになります。このような振り返りは、当事者は言うに及ばず、ほかの子どもにとっても仲間のいざこざ体験を知り、過去の自分のいざこざ体験とつき合わせて考えてみるきっかけにもなり、子どもにとって自らの体験の意味を深めていくきっかけになるのです。

このようにその日に体験した遊びやいざこざを振り返り、それをことばにしていくなかで、結果として、子どもの体験の経験化が促され、子どもたちに体験のつながりを意識させることにもなるのではないでしょうか。

振り返り語らせるといえば、子どもの生活体験（夏休み、正月、連休中の、園外保育などでの出来事）をみんなの前で発表させることなどもそうでしょう。自らの体験を思い返して語ること（体験談）によって、子どもの体験したことが整理され、もう一度とらえ返されることになるのです。またそれを聞くほかの子どもにとっても、仲間の語る体験を自己の体験と比べてみたり、関連づけたりしながら、自らの体験の意味を深めていくことにつながります。まさに、相互が自分の体験を経験化することを促すのです。

(2) 保育の方向づけ

保育のなかで保育者は、子どもたちに今から体験すること（これから何をするのか）を前もって説明するとか、つぎの日には何をするかの保育計画や見通しを子どもに予告する、といったことばかけを行っています。じつは、このような保育への方向づけが、これから自分たちのする体験への身構え・心構えとなり、自らの体験の意味を意識化させていく枠組みとしても働くのです。子どもにとっては、これから体験することを取り入れ意義づけていく枠組みとなり、体験を経験化してとらえていくことを促すように思います。

(3) 体験を遊びとして

子どもの遊びをみていると、そこに子どもの日常の生活体験が反映されたものが多くみられます。たとえばお家ごっこなど、子どもの遊びにおける言動には家庭での親子のやりとりの様子が映し出されます。子どもは、お家ごっこのなかで日常の親子のやりとりや家庭の様子を再現しようとします。保育参観などで、そのようなわが子の様子に親が思わず赤面させられることもあるでしょう。じつは、遊びのなかで再現するためには、やはり子どもなりに日常の体験を思い返しながら、それを対象化してとらえることが求められるのです。まさに、それは体験を経験化していることになります。

また園外保育で、子どもたちはいろいろな施設に出かけたり、地域の祭りなどの行事に参加します。そして、そこで関心をもったり感動したりした体験を遊びの世界のなかでも再現しようとします。園に帰って保育者も、さっそく、その生々しい体験を遊びイメージの素材へと利用しようとするでしょう。このような体験の再現的な共同遊びは、一人ひとりの子どもの体験の意味が仲間と共有化され、自分たちの体験の意味を仲間と一緒に深めていくことにつながります。その意味で、これは、自らの体験を振り返って遊びによって語らしめるということになるのかもしれません。

(4) 絵本に映して

保育では、子どもへの絵本の読み聞かせが一般的になされます。子どもが好む絵本の多くとは、登場人物(動物)を借りて、そこに子どもが日々に体験したことがら、それらの体験に伴う自己の内的世界(心の葛藤やあこがれ)を象徴的に映し出し、ときにそれらをデフォルメされたかたちでファンタジーのように語っています。そのような絵本は、子どもにとってはちょうど、あたかも自分の体験や、体験に伴う気持ちや感情といった内的世界を可視化してくれる鏡のような役割を果たすことになります。そのように考えると、体験を再現的に映し出す遊びとは逆に、自らの体験的出来事や、それに伴う内的世界を絵本という鏡に(絵本の世界のなかに)映し出してみることになるのです。

その意味では、絵本を介して、子どもは自分たちの日常の生活体験を対象化し、体験の意味を深めていくきっかけとするように思えます。

(5) 類似の体験を繰り返す

同じような体験の繰り返しは、否応なく、それらの体験を子どもに意識化させ、それら体験の経験化を促すことになります。だからこそ保育のなかでも、保育者が大切だと考える体験は身につくように繰り返して与えることになるのです。体験の繰り返しによって、体験が経験知として定着するように試みられるのです。

このような繰り返しの体験は、保育者によって与えられるだけではありません。じつは保育の場において、自発的に子ども自らが繰り返し行うことも述べておかなければならないでしょう。子どもは、気に入った遊びテーマを何度も繰り返します。またお気に入りの絵本も、よく飽きないなと思うほど自分から繰り返し読んでくれと保育者にせがむのがみられます。このような繰り返しも、その都度、子どもなりに体験の意味づけを促していく働きをしていると思います。

(6) 保育をつなげる

保育活動は、日々の体験の積み重ね(順序性や系統性)を意識してなされます。保育者は、さまざまな保育の体験を時間軸のなかで関連づけ、つないでいこうとします。現在の保育実践は、過去の保育体験を踏まえ、これから先の保育体験を見据えて計画されます。そのような保育的な流れのなかで、過去の遊びや生活体験を現在の遊びや生活につなげ、現在の体験を明日の保育につなげていこうとするのです。だからこそ、系統的・有機的なカリキュラムの立案、見通しをもった保育計画の立案、それに基づく保育案の作成が保育者の大切な仕事となるのです。その意味では、年度の最後に取り組ませる生活発表は、保育者がそれまでの子どもたちの保育体験をつなぎ、その集大成を披露する大切な保育の場としても位置づけられるでしょう。

なるほど保育者は、そのような体験の系統性や連続性（つながり）をめざして日々の保育を構成していきますが、子どもがそのことに気づくかどうかは別の問題です。したがって、保育のなかで、そのようなつながりを子どもに意識させるような保育者のことばかけがときに重要にもなってくるのです。たとえば、遊びのなかで「前に～の遊びをしたときのことを思い出してごらん。何か似たような工夫ができないかな?」などの声かけによって、過去の保育体験を思い出させ目の前の遊びにつなげていくように促すといったことも、そのような試みの一つになるでしょう。そのような保育者の働きかけは、子どものなかに現在の体験を以前の体験と積極的に関連づけてとらえようとする姿勢を生み出すことにもなるように思います。子どもによっては、体験をつなげることが苦手な子どもたちがいます。そのような子どもには、体験をつなぎ深めていくうえで、とくにこのような保育的工夫も大切になるでしょう。

4 体験を深める保育の場づくり

保育でもっとも大切な仕事の一つは、子どもたちに豊かな体験の場を用意することです。そして、それらを子どもにとって豊かな体験へと深めていくことが大切な保育の仕事になってきます。

年長の頃にもなると、たしかに子どもたち自らが自身の体験を振り返って体験の意味を深め、体験から学んでいくことも可能になってくるでしょう。しかしながら、まだ幼児では自発的な体験の意味づけはなかなか難しいようにも思えます。そうであるからこそ、保育の場における体験の導き手として、子どもが体験を深め、体験の意味づけを促す保育者の働きかけが大切にもなるのです。それには、どのような保育の場づくりが必要となるのでしょうか。

(1) 仲間とかかわる場づくり

集団生活のなかでは、必然的に、自分が体験していることを仲間に伝え、仲間と共有するやりとり（コミュニケーション）が生じてきます。そこでは、一人だけでは何となく一過的に過ぎ去ってしまう体験であっても、それらの体験を仲間と共同するなかで、体験への関心が共有され、共有体験をめぐる仲間とのやりとりによって体験の意味が深められていくことになります。

体験の場を共有するやりとりのなかで、自分とは異なる視点から体験がとらえられ、意味づけられていることに気づき、一人とは違って体験の意味が広がり、深まってもきます。仲間との共有体験の広がりによって、同じ場の体験が一人から二人（わたしとあなた）、二人から三人以上（われわれ）への体験となっていくのです。体験世界が仲間とつながり、豊かに広がっていくのです。そこでは、自分だけでは気づかなかったことに気づかされるといったこともあるでしょう。また、〈わたし〉と仲間によって体験の受け取り方が少しずつ違うことを知っていくことにもなります。そのことが、自己の体験の意味を多面的、多角的に深めていくことにつながるのです。

このように仲間と体験を共有するなかで、自己の体験の意味が深まっていくことになるように思います。ただ漫然と過ぎていくだけの体験であっても、それを他者と共有することによって、その体験の意味が広がり、深まるのです。

したがって保育者は、子どもたちの共有体験の場を豊かにつくるとか、体験を共有して豊かにやりとりできるような仲間の関係をいかにつくっていくのかが重要な仕事になってきます。さらに、保育者は仲間との共有的なやりとりを促し、支援していくのに大切な役割を果たすことになるのです。もちろん後述するように、その際、保育者が子どもを体験の共有へ誘ったり、子どもたちの共有体験の輪の中に加わって、そこでのやりとりを促したり、リードしていくといった働きかけも大切になってくるでしょう。

(2) 保育者の支援

保育者は、同一の体験をすでに共有している子どもたちのやりとりにどのようにかかわっていったらよいのでしょうか。そこにおいて、ときに保育者も一緒になって「おもしろいね、不思議だね」「どうしてなのかな?」「どうしたらいいかな?」と共感的なコメントや問いかけなどをして、子どもたちの活発なやりとりを促していくようなかかわりが重要になります。

また保育者自身が、子どもと関心や興味を共有していくことも、それに劣らず大切な働きかけになります。なぜなら、それがきっかけとなって、そこにほかの仲間も集まってきて体験共有の輪が広がってくることにもなるからです。とくに、体験を共有しての自発的なやりとりが難しい年少児などで、このような保育者の役割が重要になるように思えます。

子どもが関心や興味を向けることがらを一緒に共有するには、文字通りに子どもと同じ目線、同じ姿勢になって、ときに同じことを共感的に一緒にしてみるといった保育的かかわりが大切になります。このような保育者による体験の共有は、子どもにとっては保育者が自分たちと同じ体験世界を共有してくれる味方として登場することになるのです。それが、保育者との信頼関係をつくることになり、そのような関係が逆に、子どもへの保育的働きかけを有効にしていくことにもなります。このような関係のなかで、保育者は子どもの体験世界を意味づけ、体験を効果的に仲間と広げ、誘っていけるようになるのです（次章を参照）。ひいてはそれが、仲間と体験を共有する場や子どもたちの関係をつくっていくことになるのです。

(3) 心ゆさぶられる体験の場

保育者には、もう一つ忘れてはならない大切なことがあります。体験では出来事や事柄だけではなく、その出来事に伴う感情も一体的に体験します。仲間と遊ぶ体験では、楽しい、うれしい、おもしろい、誇らしい、驚きといったプラスの感情を、いざこざ体験では恥ずかしさ、悲しさ、悔しさ、怒りといった負の感情を体験します。もっと複雑な感情も体験するでしょう。そのような感情を豊かに伴う〈心ゆさぶられる出来事の体験〉は、印象的な体験として記憶に残りやすいということが心理学的にも知られています。みなさんも思い返してください。おもしろく、楽しかったこと、とても悔しく、悲しかったことはいつまでも記憶につなぎとめられ心に残っているでしょう。そのような体験は心のなかに刻まれ、子どもが体験を意味づけ、それらの体験から学ぶこと、すなわち体験を経験化していくことにつながるのです。

したがって保育では、そのような豊かな感情を体験できるような遊びやいざこざの場も大切になるのではないでしょうか。

5 子どもの育ちと体験

このように保育者は、子どもの体験を深めていくことに大切な役割を果たします。しかし細かくみると、その保育的な働きかけは子どもの育ちに応じて違ってきます。

それでは、保育者が子どもの体験を深めていくことに、子どものクラス年齢（育ち）に相応しい保育的働きかけがどのように期待されるのでしょうか。

図4－1は、以前に子どもたちがどのように仲間との共同的な関係や、そのなかで個の生活をつくっていくのかについて、その育ちの一般的な道筋と、そこでの保育者の役割を図式化したものです。幼児期の遊びやいざこざ体験は、子どもがさまざまなことを学ぶ保育の格好の機会となります。そこで、幼児期の遊びやいざこざに焦点をあて、それらの体験が育ちとともにどのように変化していくのか、それぞれの時期で、それらの体験を深めていくのに相応しい保育的な働きかけとはどのようなものであるかという視点から考えてみます。２章でも、異なった視点から同じ内容に触れています。その意味では、重複しますが、ふたたびここで説明して

おきます。

(1) 年少児

この頃には、仲間の遊びに関心をもち、自分も一緒に遊ぼうとする気持ちが強くなってきます。しかし、その遊びイメージを仲間と共有していくことがなかなか難しく、つい自分の遊びイメージを一方的に主張してしまうことになります。結果として、一緒に遊び始めたものの、途中から、それぞれがばらばらのイメージで遊んでいることが特徴

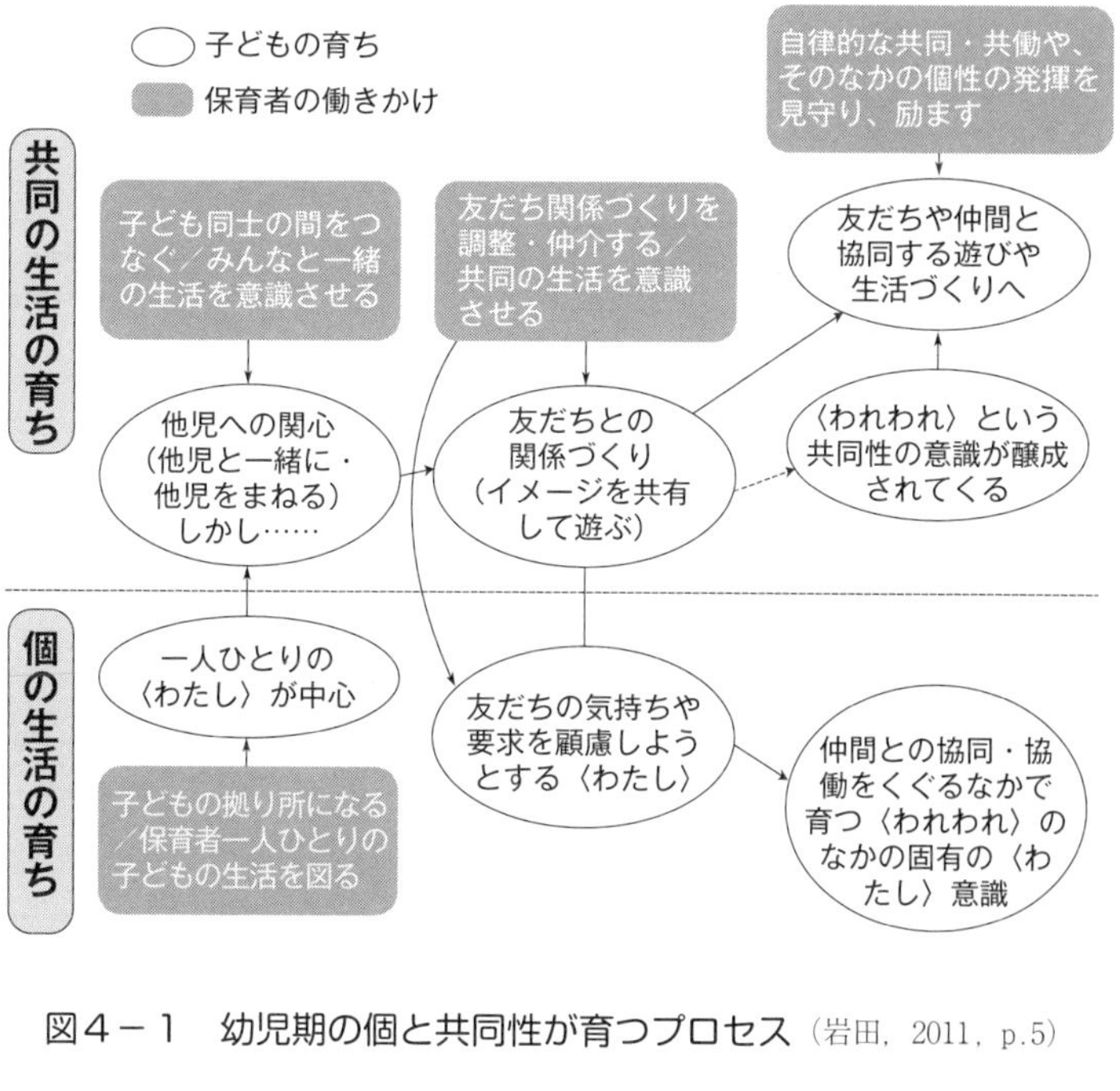

図4－1　幼児期の個と共同性が育つプロセス（岩田，2011，p.5）

的にみられるのです。たとえお気に入りの仲間と一緒に遊びが始まったとしても、遊びの途中でイメージが食い違ったとき、それぞれが自分の思いを一方的に通そうとするだけで、まだイメージを共有しながら折り合って遊ぶことは難しいようです。いざこざにおいても、自分が欲しいと思う物を取り合ってお互いが叩き合う、そして泣くといった、自己中心的なそれぞれの要求のぶつかりあいに終始するいざこざも典型的にみられるのです。

したがってこの時期には、保育者がそれぞれの子どもの関心や興味をつなぎ、一つの遊びイメージを共有できるような場をつくっていく保育者の働きかけが必要になります。たとえば、以下のエピソードにみられるように、体験を共有できる遊びへと誘い、ばらばらな子どもたちの遊びを共有イメージの下につないでいく、すなわち保育者は遊びの共有化を取り持つ中継者として大切な役割をもつことになります。

▼ケーキを作ろう

年少児の保育者は机においた四角い発泡スチロールに白い布を被せ、その上に子どもたちが園庭でとった松かさやどんぐりをボンドでくっつけ、子どもに「デコレーションケーキを作ろう」と声をかける。すると、その様子をみた子どもたちが保育者の周囲につぎつぎと集まってくる。そして、保育者をまねて自分たちも思い思いに松かさやどんぐりをボンドで貼りつけ、なかにはローソクに見立てて小枝をさしていく、といったデコレーションケーキ作りが始まる……。ここでは保育者が中継者となって、子どもたちを一緒のデコレーションケーキ作りという遊びにつなげている。（10月）

ことばより先に手が出てしまうといったこの頃のいざこざ体験においても、子どもの泣き声を聞いて、保育者が間に入り仲介することになりますが、次のエピソードのように保育者は「～ちゃんも、使いたいんだって」「～ちゃんも、一緒に遊びたいんだって」と、お互いの気持ちをひとり芝居のように双方の気持ちを代弁しながら、「～ちゃん、かしては？」「～ちゃん、〈入れて〉は？」「ひとつ、かしてあげて」「〈ありがとう〉は？」「〈ごめんね〉は？」とお互いに言わせて、いざこざ体験の場を収めるような働きかけが必要になります。しかし、この頃は、そのような保育者の仲介で何となくいざこざが終わってしまい、またそれぞれが別々に遊んでいるといった具合です。

▼「かして」「ごめんね」「ありがとう」って言ってごらん

B男はA男が積んだ積木を黙って取ろうとして叩かれ、いざこざになる。保育者は、黙って取ろうとしたB男に「壊されてAくん嫌だったみたいよ」「貸してって言わないとわからないよ」と、叩いたA男には「Bくんも叩かれて痛いって、Bくんも一緒に遊びたいんだって」と間に入って言う。B男がうなずくと、保育者は「Bくんわかったって」とA男に伝え、双方に「ごめんね」「かして」「ありがとう」と言わせてその場を収める。そのあと子ども間でのそれ以上のやりとりはみられず、そこで何となく終わってしまった感じであり、またそれぞれが傍らで別々に遊んでいる。（1月半ば）

そうであるとしても、このような保育者の仲介は、保育者が子どものいざこざ体験の場をとらえ、自分とは違う思いや要求をもった異質な他児の存在を理解させ、一緒に遊ぶためのやりとりの仕方を教えていることになるのです。このように、年少児では保育者が子どもたちの気持ちや関係をとりもち、つないでいく中継者として大切な役割を担うことになります。したがって、この時期には、保育者が子どもたちの遊びやいざこざを中継することによって、年少児なりにそれぞれの子どもの体験が仲間につながれ、体験が仲間と共有され、体験の意味が深まってくるきっかけをつくるように思います。

(2) 年中児

年中児になると、年少児のように自分の思いだけを一方的に相手に主張するのではなく、自分とは違う仲間の声（自分と異なる仲間の要求や気持ち）にも耳を傾けようとし始めます。そして、仲間の要求や欲求と折り合い（妥協、譲歩、条件……など）をつけながら、一緒に遊ぶことができるようになってきます。

それは、自他の遊びのイメージが違っていても、それらを折り合わせ、遊びイメージを共有化しながら一緒に遊ぶことができるようになってくることを意味するのです。ごっこ遊びにおいて仲間と役割を分担するとか、見立てのイメージを共有しながら共同で遊べるようになってくるのです。仲間と一緒にあるものを別のものに見立てるだけでなく、何もないのに「ここに〜があるってことにしよう」のような、ゼロの見立ての了解などはその最たるものです。

このようなイメージを共有した仲間との遊びが活発になってきますが、その遊びの多くはまだ単純で、固定的、同じことの繰り返しが一般的にみられるようです。

◇最初、三人の女児で赤ちゃん、お母さん、お父さんの役割で始まった。朝、お母さんが、お弁当をバッグにつめ、お布団を用意し、保育園まで子どもをつれていくという設定である。その間、赤ちゃんは隅のほうでじっとしている。お母さんと子どもは家からでかけ、近くの書架コーナー（保育園に見立てられている）の椅子に腰掛け、もってきたものをひろげている。いったん家に帰ったお母さんはまたしばらくして迎えにいく。途中で、男女児がお父さん役、妹役として了解され、遊びに加わってくる。そして二人は「ただいま」、他児は「おかえり」で迎える。その後もやはり、朝、お母さんが子どもを保育園に送って、書架コーナーにしばらくいて一緒に戻ってくるということの繰り返しのみである。その間は、赤ちゃん、お父さん、妹役の子どもはただ家のなかでふざけあっているだけである。その遊びテーマの中心は、お母さんが朝準備をして「みんな待っといてくれる?」「じゃあ、行ってくるわ」と保育園に子どもを連れて行く、「待って、お迎えに行ってくるんだよ」と声をかけて子どもを迎えに行って帰るということの単純な繰り返しが続く。（5月末）

このエピソードのように、子どもだけで遊びの体験を広げていくことはなかなか難しいようです。そんなとき「こうしてみたら」「このようにしよう」「こんな遊び方もあるよ」と、子どもの行き詰まった遊びを広げていくような保育者からの提案や介入も、この時期には必要になってきます。そのような保育者からの働きかけが、子どもの共同遊びのイメージを広め、ひいては仲間との遊びの体験をより深めていくことになるのです。

また、保育者が子どもたちの遊びをより大きい遊びへと結びつけていくのも大切な役割です。たとえば同じ砂場で、ある遊びグループは山と道路をつくって遊んでいますし、ほかのグループはその横でトンネルを掘って別々に遊んでいます。自然に任せておくと両方の遊びは、なかなかより大きな遊びイメージを共有しての遊びへとつながっていかないのです。そんなとき保育者は、「道路をつなげたら、どうなるかな」と声をかけ、グループの遊びをつなぎ、遊びイメージの共有を広げるようなことばかけをします。「こういうふうにもできるよ」「こんな遊びにしたら」と、パターン化して行き詰まった遊びイメージが展開していくような交通整理の役割を保育者がするのです。

このような保育者の介入は、子どもたちの遊び体験を有機的につなげて、より多くの仲間と共有イメージを広げ、遊びを工夫し合って遊ぶきっかけをつくり、やはり仲間との遊びの体験を広げ、遊び体験の意味をより深めていく支援になるのではないでしょうか。

イメージを共有して遊ぶようになっても、やはりいざこざは生じます。子ども間で、遊びをめぐる思いや要求の違いをぶつけあう言い合いが起こるのがみられるのです。しかし感情的になってくると、自分たちだけでは収拾がつかなくなり、当事者だけで話し合って決解することは、まだなかなか難しいことが多いようです。そうなると、子どもからの訴えに保育者が呼ばれ、ここでも保育者はもつれ行き詰まった関係を交通整理する大切な役割を担うことになります。その際、一般的に保育者は、双方の言い分を明確にし、それらをわかりやすく翻訳して相互に伝え、そのうえで、いざこざが生じた原因は何なのかを考えさせ、どちらにどのような非があるのかを裁定することになります。さらに、保育者は「どうしたらいいのか」を当事者の子どもに考えさせる、ときにいざこざを避けるうまい折り合いのつけ方を提案する……といったふうに、そこで子どもたちのもつれた関係がスムースにいくように交通整理するのです。このように保育者から交通整理をしてもらうと、それを受けて、そのあと子どもたちで話し合って折り合いをつけていくことができるようにもなってきます。じつは、このような保育者による交通整理が、仲間とのいざこざの体験から、仲間との関係を振り返り、自分たちのいざこざ体験の意味を考えさせるきっかけになります。保育者は、いざこざをその場だけの一過的な体験に終わらせるのではなく、そのいざこざ体験が仲間の気持ちを考える、仲間とのかかわり方を学ぶ体験へと深めてほしいのです。

(3) 年長児

年長児には、遊びイメージや目的を共有すれば、好きや嫌いをこえた仲間とも自発的に協働的な関係を多様につくれるようになっていきます(岩田、二〇一四)。生活発表会などで目的を共有した所属グループの仲間と協同して取り組む、班メンバーの間で協働して当番活動をするなどが可能となってくるのです。そのような協働の関係のなかで、異質な仲間の声も取り入れつつ自己の行動や感情を調整し、他方では自己の思いを仲間に対して主張するといった、いわゆる社会的な自己の調整力がさらについてくるのです。逆に、そのような力の育ちがさらに好きや嫌いの関係をこえた仲間との自発的な協同を可能としていくのです。それは、社会的な自己の育ちともいえます。

この時期、子どもたちの育ちは他律から自律へと向かいます。すると、それまでのように保育者に頼ることなしにも、自分たちで話し合って遊びを工夫していけるようになってきます。遊びをおもしろくしていくために自分たちで自律的に遊びのアイデアや思いを出し合って工夫していくようになります。すると保育者には、それまでのように積極的に子どもへ介入することから距離をとり、子どもたちの遊びを見守り、ときに「どうしたらいいかな?」と遊びの工夫を募るような問いを出しながら遊びのアイデアを子どもたちから引き出し、集約するといった司会者的な役割が求められるようになってくるのです。

遊びが自律してくるだけではありません。仲間との間で生じるいざこざも、基本的には自分たちだけで解決していこうとするようになります。すると保育者は、その傍らでいざこざの解決を見守るとか、ときに「どうしたらよいのかな?」とことばを添える脇役的な役割を果たすだけでよくなってきます。すなわち、あまり保育者による口出しを必要としなくなってくるのです。

このように、自分たちで仲間との遊びを工夫していくとか、仲間とのいざこざを解決していこうとする自律的な体験の向き合いを見守る・励ますといった保育が、この時期における子どもたちの自主的な体験の深まりを育んでいくうえで大切になるように思います。

以上のような各年齢クラスの育ちに相応しい保育者の働きかけが、その時期の遊びやいざこざの体験を深めていくことになるように思われます。そのような働きかけが、次のクラス年齢になったときの体験とつながり、そこでの体験の意味を深めていく基盤になるように思います。そこに、保育における連続性や体験のつながりも生まれてくるのではないでしょうか。

6 まとめに

この章の最後に述べておかねばならないことがあります。それは、子どもが同じ場で同じ体験をしても、また保育者が同じ体験を与えても、子どもによってその体験がもつ意味や影響は、必ずしも同じではないということです。ときにはまったく違ったものになります。ある子どもにとってはあまり意味をもたない体験が、別の子どもにとっては育ちの過程に予想もしない大きな影響をもたらすといったことがみられるのです。

それは、体験の受け止め方やとらえ方には個人差があるということです。そのような個人差は、おそらく、それまでの生活体験や経験、性格や人格特性、興味や関心、子どもの家庭環境、知的な育ちといった、もろもろの違いから生じてくるのでしょう。

その意味で、保育者の目にはささいなことが、ときにある子どもの育ちにとっては大切な体験の意味をもってくることがあります。また同じような体験をしたとしても、その子が、何時、どのような状況で体験するかによって、その体験はまったく異なる影響や意味をもってくることにもなります。そのことは、子どもの発達臨床的な研究からもうかがい知ることができます。体験の付与だけでなく、このようにきめ細かく一人ひとりの子どもによる体験の受け止め方（意味）を理解しようとすることもまた保育者の大切な仕事になってくるのです。そのことは、子どもにとっての豊かな体験とは何か、一人ひとりの子どもにとっての体験の意味をきめ細かく考えていくうえでも重要になるからです。また、それぞれの子どもの育ちにとって必要な体験の与え方やタイミングを考えるうえでも必要になってくるのです。

禅宗に「啐啄《そったく》同時」ということばがあります。まさに雛が殻から出ようとして中からつつく力と、それを見計らって適時的に外から親鳥が殻をつつく力が合わさって、雛がうまく卵からかえることをたとえたものです。時が熟するのを待って、効果的に働きかけるということです。これは、保育においても、一人ひとりの子どもからの内的な育ちへの要求に合わせた、外からの保育的な働きかけ（体験の内容、その質量やタイミング）の重要性を示唆するものです。保育のなかで、その子どもがいまもっとも必要としている体験を保育者がタイミングよく与えることによって、そのタイムリーな体験が、子どもの育ちや学びを効果的に引き出し実現していくことにつながるのです。もちろん保育のなかでは、たんに子どもからの時熟を待っての働きかけだけではなく、熟する時自体を促すような働きかけも大切になるとしてもです。

卑近な例ですが、つぎのようなエピソードがありました。

◇子どもたちは登園後、制服を遊び着に着替える。しかし、着替えの際、ブラウスのボタンの留めはずしがなかなかうまくできず、時間がかかってしまうA子がいた。そして、いつも「できない」「やって」と保育者や近くにいる仲間に頼るといった毎日であった。そこで保育者は、「はやくできる魔法をかけてあげる」と呪文をかけることにした。すると、その呪文にやる気をだしてじぶんで頑張ってするようになり、またできるようにもなってきた。その後、毎日、保育者に魔法をかけてもらいながらしていた。そんなことが続いたある日、A子が「魔法かけんでもできるで」と保育者の魔法なしでさっさとできるようになった。（5月）

このエピソードにみられるように、保育者が子どもの育ちを見計らって魔法のことばを必要とする子どもに〈魔法のことば〉を効果的に使ったのです。このように一人ひとりの子どもの育ちの様子をよくみながら、それに相応しい、そのとき子どもが求めている保育的な働きかけを適切にしていくのです。そのような保育が、一人ひとりの子どもの体験のつながりや意味を深めていくうえでも大切になります。

その意味でも、保育者は子ども一人ひとりの育ちの状態や変化をしっかりみながら、その変化をもたらしたきっかけや体験の意味を探っていくといった、子どもたちへのきめ細かな臨床的なまなざしが求められるでしょう。

■参考文献

岩田純一　二〇一四　子どもの友だちづくりの世界――個の育ち・協同のめばえ・保育者のかかわり　金子書房

5章

保育と特別な支援

1 はじめに

はじめての集団生活において、子どもは生活のしづらさを体験することになります。そこでは自分の好き勝手・思う通りにならない、みんなに自分をあわせなければならない、違う仲間とも協調しなければならない、約束事やルールに従わねばならない……といったことが共同生活のルールとして求められるようになるからです。集団での生活は、子どもが自分の感情や行動を仲間に合わせて抑制・調整していくことを求める場であります。保育者は、そのような課題の乗り越えを支援していく働きかけをしていきます。そのような保育を受けて、しだいに子どもたちは保育者の思いや意図を先取りしながら行動し、自分たちで仲間との関係をつくっていけるようになり、そのなかで自律的に行動を調整（コントロール）していくようにもなっていきます。いわゆる社会性の育ちです。そのようにして、一般的には、子どもは集団生活における生活のしづらさを何とか克服していくようになるのです。

しかし、どのクラスにも気になる子どもたちとして、そのように適応していくのが難しい子どもたちがいます。彼らは、通常の保育のなかでは集団の生活における生きづらさを乗り越えることが難しい、いわゆる特別な配慮や支援を必要とする子どもたちともいえます。近年、保育の場において、そのような子どもたちが増えているという印象があります。

2 特別な支援を必要とする障害

それでは「気になる子ども」とは、どのような子どもたちでしょうか。具体的には、それらはＡＤＨＤ（注意欠陥多動性障害）、自閉症スペクトラム障害、ＬＤ（読み書き算数への学習障害）などとよばれている子どもたちです。あるいは、それらの障害が合併している子どもたちです。たとえば高機能自閉症とＡＤＨＤの症状が合併しているケースもみられます。

また、上記のような障害名は確定してはいないものの、「目があわない」「落ち着きがない」といった、発達障害が疑われる、いわゆるグレーゾーンの子どもたちです。これらの子どもたちは、集団のなかで、それぞれの発達障害に特有の〈生きづらさ、生活のしづらさ〉を抱えることになります。したがって、保育では、それらの子どもへの特別の配慮や支援が必要になってきます。それでは、それらの子どもへどのような特別な支援がなされる必要があるのでしょうか。そのために、保育者には何が求められるのでしょうか。

(1) その障害の特性を知る

まず特別な支援のためには、生きづらさの原因となるそれらの障害の一般的な特性を知っておく必要があるでしょう。例として、ＡＤＨＤ（注意欠陥多動性障害）と自閉症と呼ばれている子どもをあげてみましょう。それは、グレーゾーンの子どもを理解するためにも役立つと思います。最近、そのような子どもたちの特性や症例を紹介した保育者向きの本も数多く出版されています。詳しくは、ぜひ一度それらに目を通しておくことが参考になるかと思います。ここでは、それらの特性を概略的にみておきましょう。

まずＡＤＨＤの子どもをみてみます。障害名が示すように、これらの子どもは、多動、不注意、衝動性を三大症状とします。「何をするにも落ち着いて取り組めない」「じっとしていられない・ものごとに集中することができない」「イライラ・トゲトゲしている」「待てない」「周りの仲間に見境なく衝動的に乱暴する・とつぜん汚い言葉を投げかける」「自分でどうしても抑えがきかなくなる」「挑発を繰り返しまわりの人間に対して故意にいらだたせる」「大声でわめく」「他人の活動や発言に突然割り込む」などといった症状や行動をみせるのが特徴としてあげられます。このような突然の興奮や衝動的な言動はまわりを困惑させることになり、傍の子どもや保育者にとっては迷惑者や乱暴者として登場することにもなります。

自閉症スペクトラム障害の子どもは、他者とのコミュニケーションがうまくとれない（コミュニケーション障害）、社会・対人的な関係が他者とうまくとれない（社会性の障害）、ものごとへのこだわりが強い（常同的な繰り返しの行動傾向、変化への不安、気持ちのリセットが難しい）などが典型的な特徴としてあげられます（※註）。また、同時に複数の情報を処理することが苦手であり、知覚過敏性から特定の音刺激や人からの接触を嫌うといった一特徴がみられます。保育の場で、よくみられるアスペルガー（高機能自閉症）の子どもは、ことばや知的（文字の読み書き、数字）には問題はないのですが、やはり他者の感情や意図（気持ち）を察することが難しい、ことば表現の裏の意味（冗談が通じない、比喩や皮肉、遠回しな表現が読み取れない）などによって、人とのコミュニケーションや関係がうまくとれない、特定のことがらへ執拗にこだわってしまうなどがみられます。そのような子どもには、保育者の指示に従えず集団で動くことが難しい、ことばの遅れはなくても会話でのやりとりは不得手である、自分の興味のみに没頭するなどの行動がみられます。いずれも集団生活や対人関係における生きづらさの原因となります。

これら自閉症スペクトラム障害もＡＤＨＤも、一昔前は、家庭環境や親の養育関係に問題があると考えられてきましたが、そうではないことがわかってきました。中枢神経系（脳）に何らかの要因による機能不全があるという考えが一般的になっています。しかし、ここで注意しなければならないことがあります。似たような行動を示す子どものなかには、虐待など明らかにその家庭や親子関係において抱える問題（家族の病理）が、その原因であろうと思われる

※註　高機能自閉症および言葉の出ないカナー型自閉症は、知的な面でも症状の面でも連続的な一つの障害の幅としてとらえられ、自閉症スペクトラム障害（広汎性発達障害）と呼ばれている。

ケースも見受けられることがあるからです（2章参照）。

（2）それらの子どもへの支援

それら障害の特性を知ったうえで、一般的に、このような子どもたちにはどのような支援がなされているのでしょうか。

その1

まずADHDの場合を考えてみましょう。

子どもが衝動的になり興奮しているときはまわりの声に聞く耳をもちません。障害をもたない子どもでも同じようにみられることがありますが、とくにADHDの子どもはそうです。その際、まずは子どもの興奮や衝動を鎮めてやることが大切になります。そして、子どもが興奮状態や衝動的な行動から鎮まった状態になったとき、子どもに「なぜ叩いたのか?」「なぜ～のような行動をしたのか?」をきちんと聞いてあげ、そして、「そんなことをされたらだれもが嫌だと思うし、みんなの迷惑になるでしょう……」のように状況を繰り返し説明してやるのです。そのうえで、もし今度、同じような場面や状況になったとき、「今度は～ちゃん、できるかな?～しようね」と、子どもと約束するといったような保育が必要になります。

保育者との間に信頼関係ができていれば、その先生との約束を何とかがんばって守ろうとする気持ちを起こすのです。しかしそうは言っても、とくに発達障害児では一挙に、または目立つ形で、そのような保育実践の成果が現れないことが一般的です。だから粘り強く、あきらめない保育が求められます。その際、保育者はアンテナの感度をより敏感にして、子どものわずかの変化を見逃さないでそのがんばりによる変化をほめてあげることが大切です。そして、それをまわりの仲間にも伝え、仲間からも認められるといった体験をさせることが他方において重要になります。このように認められるという体験が、情緒的な安定とヤル気という側面からもとくに大切になってくるようです。そのような体験が、その子なりのさらなるがんばり（自己抑制）を促していくのです。そのなかで、「自分は大丈夫だ、自分は仲間とうまくやっていける」といった自己肯定感や自信を培っていくことにもなります。まさに保育支援が良き循環を作り出すことになり、結果として、集団生活における「生きづらさ」を軽減していくことにもなるのです。

杉山（二〇〇七）は、ＡＤＨＤ児への対応として、保育のなかで叱責をなるべく減らして、情緒的な不安を軽減し、「おだてまくる」覚悟が必要だと言います。また、周囲の刺激を減らし注意散漫を治める保育環境の調整といった工夫などの対処が必要になってくると言います。

その2

つぎに、自閉的な子どもの場合をみてみましょう。

自閉症スペクトラム障害の子どもは、対人関係の障害や、コミュニケーションの障害、独特のこだわり行動をもっています。知的な遅れがない高機能自閉症児でも、われわれにとっては理解しにくい言動を示すなどして、保育者は子どもとのコミュニケーションの難しさに困惑してしまいます。結果として、友だちとの関係ができないので孤立しやすく、そのうえに問題なのは、本人自身がそのことを困っていない様子です（岩田、二〇一四）。

保育者がそのような子どもとかかわるためには、普通の子ども以上に、その子どもの心の世界を共感的・想像的に理解しようとする試みが求められます。子どもは保育者が予期しえないようなことがらに執拗にこだわり、関心や興味を示すことがみられます。一見して不可解に思える子どもの世界への共感を試みることから保育者の支援がはじまるのです。そこで、その子どもが関心や興味を向けることがらを共有してみる、ときに子どもと同じ行為をしてみるといった身体的なレベルのかかわりによって、それまで理解できなかった行動が、なるほどその子どもにとっては意味があることに気づかされることにもなります。それが、わかりにくいその子の内的な世界を理解する手がかりとなり、保育者がその子とかかわりをもつ糸口や端緒となります。

そのような保育者は、子どもにとって自分と同じ身になり、自分に寄り添って同じ時間や空間世界を共有しようとしてくれる味方として登場することになります。それが、子どもと保育者との間に情緒的な信頼関係をつくり出すことにもなるのです。これが以降の保育支援を展開していく大切な基盤ともなっていきます。このことと関係して、お会いした当時、保育歴三十一年のベテランN先生が述懐された、ご自身の二十年以上も前の保育談が思い出されます（岩田、一九九三）。

◇N先生は、園のなかに設置された障害児室で、はじめて新卒の保育士とともに障害児にかかわることになったそうです。特別支援などが叫ばれるずっと前の、保育における最初期の障害児への暗中模索の取り組みだったのです。そのなかに精神遅滞中度であり、〈戸が閉まっていないと気がすまない、いすも並べないと気がすまない、広告などで漢字のみに興味を示す、レコードの音に狂ったように走る〉といった自閉的傾向をもつY男がいました。もちろん、今までこのような子どもとかかわったことがなく、また当時は自閉症についての認識も、保育実践の蓄積的な知識も今ほどなく、どうしてかかわったらよいのかわからないまさに手探りの状態のなかで保育が始まったそうです。始めの頃、子どもをみる目は、それまでの健常児に対するものと同じであったと述懐されていました。だから、

〈鍵をかけ忘れたロッカーから先生のかばんを勝手にとりだす、砂場の砂を部屋のじゅうたんの上にあける〉……、そんなY男の不可解な行動をみては、「なんでそんなことをするの！」と目を吊り上げて叱っていたそうです。目を皿のようにして、そのようなY男の行動を先回りして見張っていたそうです。いつも見張っていて叱るN先生がいると、逆にY男は不安定になり行動が荒れ、結果としてY男はN先生を拒否するようなそぶりを示すようになったといいます。しかしながら、何と、保育経験が少ない新卒の保育士はY男と楽しそうにかかわっているではありませんか。さきのロッカーの件でも、新任保育士の「Yくんだめよ、先生のだよ！」の声に、Y男はケラケラ笑いながら逃げる、それを「待てー」と笑いながら追いかけるといった遊びのような雰囲気のやりとりをみて、保育のベテランとしての自負があったN先生は落ち込んで、「自分はなぜうまくかかわれないのだろうか」とノイローゼ状態になられたそうです。

しかし、このことがN先生の子どもをみる目に大きな自問を生み出すきっかけになったそうです。「今までの自分の保育の仕方や、子どもへの見方が間違っていたのではなかろうか。自分の保育は、子どもはこうあるべきだという先入観でかかわっていたのではなかろうか、保育では私が主人公と思って、子どもの気持ちや状態を無視して自分の規範規準を押しつけていただけではなかろうか、私はY男にとって嫌な存在になっていたのではなかろうか。自分の我《が》が先立って、子どもの行為の意味をしっかりみることができなかったのではなかろうか……」といった、Y男に対する自分の保育への問いかけです。そしてN先生は、「まず子どもをしっかりみていこう。子どもの好きなことを介して一緒にかかわり、子どもが喜ぶこと、関心をもつことを子どもと一緒にしよう」と、子どもにかかわる姿勢を見直そうと決心されたそうです。すると、それまでのように力まないで、心穏やかに子どもをみることができるようになってきたといいます。そのようなY児へのかかわり方の変化のなかで、N先生とY男との関係もしだいに変わってきました。あるとき、Y男が背中をかゆそうにしているので、N先生が「Yくんかゆいの?」となでてやると、最初は身体に触られて嫌そうにしていましたが、しだいに自分の体を先生にあずけるようにしてきたといいます。このときN先生は、はじめて自分が受け入れられている実感をもったそうです。

このことがあってから、文字通りY男の身体が先生に向かうようになってきました。ある朝、先生が保育園にくる途中、交差点であわてて転んだ様子を大きな身振りで、横に遊んでいるY男に語りかけてみました。最初は、あっちを向いていたY男が「ハッハッハッ」と大声で笑い、保育者のしぐさとことばを聞いて受け止めてくれたのです。あまりのうれしさにN先生はそのあと七回も同じことをY男に語ったそうです(pp.25-26)。

個々のケースによっても違いがあり、一筋縄ではうまくない場合や、支援結果にも紆余曲折があると思いますが、このエピソードは、子どもに向かう保育者の共感・共有的な姿勢、子どもに寄り添うことの大切さを考えさせてくれます。そのような保育者の姿勢が、こだわりの強いものごとへのかかわりの世界や、うまくもてない仲間とのかかわりの幅を少しずつ広げていく保育的支援への糸口にもなっていくのです。子どもの世界に共有的にかかわるなかで、自閉的な関心をしだいに広げ、さらに、そのことを仲間とつなぎ共有していける場をつくっていくといった保育者の支援につなげていくのです。このケースは自閉症に中程度の知的遅滞がともなっていましたが、高機能自閉症児の場合でも同じような支援過程があてはまるように思います。

自閉症スペクトラム障害をもつ子どもは、他者の気持ちを察することが不得手で、コミュニケーション障害が原因となって仲間と対人的な関係を築くことが難しく、集団の生活では、大きな生きづらさの原因となってきます。そのような子どもには、具体的な状況や文脈のなかで相手の気持ちを教える、「こういうときには、~をするの（したほうがよい）」と、状況や場面に即してかかわりの仕方を教えていくといった支援も必要になってくるでしょう。対人関係を含む日常生活を円滑に送る基本的な技能を身につけるように支援することです。たとえば、あいさつや適切な会話をする、人に適切な質問をする（質問に答える）、自分が困っていることをわかるように説明するといった技能です。平岩（二〇一二）は、SST（ソーシャルスキルトレーニング）による高機能自閉症児への訓練手法を紹介しています。たとえば質問に答える練習を例にあげてみましょう。一般的に、「朝ごはん、何食べた?」といった自由に答えられる質問に答えることは苦手です。そんなとき「朝ごはん、パン食べた、ごはん食べた?」と、選択肢のある質問に切り替えます。もし、それでも答えが出なかったら「朝ごはんパン食べた?」のように、より答えやすいイエス・ノー質問に切り替えるのです。それに答えたら子どもをほめてあげ、もう一度最初の「朝ごはん、何食べた?」という質問をするといったやりとりを繰り返すのです。そして答えられたらほめます。これは繰り返し的なやりとりのなかで、質問に答える能力を育てるという支援的訓練です。わかるように説明するといったことも、「なぜけんかをしたのか」「なぜ取り合いになったのか」など、簡単な質問を繰り返しながら自分で説明させていくという技法をとります。そこでも、大切なことは、できたらほめることが基本になると強調しています。

また自閉症スペクトラム障害のある子どもは、情報の並列的な処理を苦手とします。そのため、いくつもの指示を同時に出すと、どうしていいかわからなくなり混乱するとか、指示を忘れてしまうことがあります。これは、指示による集団行動がうまくとれないことにもつながります。このような子どもには、ひとつずつ順番に具体的な指示を与えていくとか、〈言うときは言うだけ、見せるときは見せるだけ、触れるときは触れるだけ〉というように、一度に複数の情報を提示しない保育的な配慮も必要になるでしょう（杉山、二〇〇七）。さらに、子どもの知覚過敏性に配慮したような保育環境や教材の工夫も考慮する必要があるでしょう。

以上のような保育実践の工夫や支援が、自閉症児の集団における「生活のしづらさ、生きづらさ」を軽減していくのではないでしょうか。

その3

自閉症スペクトラム障害のある子どもや〈ちょっと気になる子ども〉などには、保育場面においてつぎに何をするのかといった見通しを立てて行動することが苦手で難しいことが共通にみられます。このことが原因となって、「いつもと違う活動になるとか、いつもの活動でも変化が加えられると、混乱して自分がパニック状態になってしまう」といったことが生じるのです。これも、まさに集団生活における生きにくさの一因ともなります。そこで、この時間的な見通しの弱さを補うために、時間的な見通しをもたせるような工夫や支援、たとえば時間的に短く区切ってこれからすることを教える、その際、年少児に説明するように、いま現在の状況に即した思い切ってごくわかりやすい言葉や、わかりやすい動作を使ったやりとりの支援が必要になります。見通しの立てにくさをカバーするために、スケジュールカードなどによってそれら行動の順序を直線上に並べて描くとか、図表を貼って説明する、理解できたら復唱させるといった視覚的に訴える支援も有効になってきます。これはスケジュールの可視化です。そのような保育実践の工夫も、集団や共同での行動の難しさを軽減していくことになります。

以上、いずれの発達障害にあっても、子どもが保育者や仲間との関係を形成する際には困難が伴いますし、健常児以上に強い対人的な不安や緊張をもたらすことになります。その支援過程においては、仲間とのかかわりによって生じる対人的な不安や緊張から一時的に自分の気持ちを立て直す時間や空間に配慮・工夫することも必要になるかもしれません。

ところで、特別な支援を必要とするいずれの発達障害児であれ、保育者が留意しなければならないことがあります。もし保育のなかで適切な支援的なかかわりが得られず、ましてや保育者や仲間から特異な障害ゆえに変な子・嫌な子として無視される・放置される、（みんなの前で）保育者から叱責される、みんなから相手にしてもらえないバカにされるといったような体験をするとき、それは子どもの自己不信感や自己否定感などをもたらします。その結果、ますます障害を顕在化・先鋭化させ、本来の障害に加えて、さらに重篤な二次的な障害を引き起こすという悪循環の危険性さえあります。それが、ますます悪循環的に子どもの生きづらい状況をつくり出していくことになり、育ちにも影響してくることになります。このことを、支援環境をつくっていく保育者はよくよく肝に銘じておかなければなりません。

3 どのような発達障害にあっても

今までＡＤＨＤや自閉症スペクトラム障害などを例にあげて、一般的に（特別な）支援に関して述べてきました。もちろん同じ診断名の子どもでも、ちょっと「気になる子ども」であっても、一人ひとりによってその状態は違い、個々のケースに合わせたきめ細やかな支援プランや方策が求められることはいうまでもないことです。

しかし、すでにお気づきかもしれませんが、どのような障害にあっても、そこに共通してみられる支援的かかわりの大切なポイントがあるように思います。再度それらを整理してみます。

(1) 子どもに共感する

子どもの心を理解するためには、心のなかがみえないからこそ、たえず子どもの言動へのアンテナを鋭敏にして、〈子どもに共感する、子どもに寄り添う、子どもの目線に立ってみる、文字通りに子どもの身になってみる〉といった形で、子どもの内面世界を共感・共有していこうとする保育者の姿勢が保育には求められるのです。

この「共感する」「その身になる」ということは容易《たやす》いようにみえますが、実際には存外と難しいものです。自分も同じような体験をしていないと、同情はできても、相手の身になって共感するということは難しいのです。たとえば大きな災害にあわれた方に口では同情しても、実際に自分が同様の経験をしてみないと、相手の気持ちそのものになってみることはなかなか難しいのではないでしょうか。自分のことのように悲しみ、その大変さ、不自由、苦しさを共有することはなかなか難しいように思います。だからこそ、大学の障害児教育・社会福祉などの授業では、〈車椅子に乗って移動してみる〉〈付き添いに手をひかれ目隠しをして歩いてみる〉というふうに、観念的にその不自由さを想像するだけではなく、文字通りに自分もその身になっての実習体験などもされるのです。ましてや、このような身体の障害でなく、発達障害児の心の世界では、その身になって共感することはさらに難しいのではないでしょうか。

しかし、たとえ難しいとしても、保育者は想像をめぐらし子どもの身になって、たえず子どもへ共感していこうとする態度や姿勢が求められます。発達障害ではないのですが、今風に言えば、ちょっと気になる子どものエピソードがあります。以下のエピソードは、子どもをわかろうと想像たくましく共感していく、子どもの時間を共有していくといった保育の大切さと方法を示しているように思います。

◇最近入園したS子の母親から「この子は、いつも落ち着きがないんです。家でも、父親が新聞を読んでいるとちょっとそこにいって新聞をとりあげ、上の子が漫画をみているとそこにゆき、私が雑誌を読んでいるとちょっときてすぐいってしまうんです」と相談を受けたのです。そこで園での様子をみると、母親が部屋に座っていれば、庭から室内へと歩きまわっています。水で遊ぶ子ども、砂場にいる子どもなどのところに、ちょっと立ち寄ってはじきに立ち去るのです。たしかに落ち着きのないようにみえます（津守、一九八七　p.128からの要約）。

津守は、〈私は、自分がこのような外的行動をとるときの自分の内的世界を想像してみる〉という子どもへの共感の方法を示唆します。たとえばわれわれだって、パーティで関心をもって話しかける人のいないときなどは、同じように所在なげにあちこちと落ち着かずに歩きまわるのではないだろうかと想像をめぐらせるのです。すると、この子の落ち着かない行動は、皆の中にいながら誰にもかまわれない孤独のあらわれと受けとれないだろうか……と、相手の身になって、自分の内的世界に重ね合わせながら相手の行動の意味を共感的に推測していくのです。それをもとにした津守のアドバイスを受けた母親が、子どもと関心を分かち合い、子どもの行動の意味をしっかり受け止め受け入れるといった、ゆったり、じっくりとした子どもとのかかわりを心がけました。すると、あれほど気になっていた子どもの落ち着きのなさはなくなり、子どもと母親との関係も明るく開けたものになってきたそうです。

保育者は、たんに「落ち着きのない子ども」とレッテルをはって、子どもを表層的に理解するのではなく、このように〈自分だったら〉と自分の内面世界に重ね合わせながら、「なぜそんなことに関心や興味をもつのか」「なぜそんなことをするのか」「なぜそんなことを言うのか」……と、子どもの内面をたくましく想像してみる態度、ときに子どものすることをなぞってみるといった姿勢が子どもの内的な世界への共感には求められるのです。とくに発達障害を抱える子どもの場合には、そのような子どもへの態度や姿勢が必要になります。

つぎに、それを踏まえ子どもにどう働きかけるのかが重要となってきます。それがつぎの支援のステップです。

（2）共感から共有へ

想像たくましく子どもの内面世界に共感したうえで、つぎにそれを一緒に共有してあげる働きかけが大切になります。前述の津守の例でいえば、子どもの内面世界への共感を示したうえで、子どもが興味や関心をもつことがらをゆったり、じっくり子どもと共有してかかわってあげるといった保育へとつながっていくことです。そのような寄り添う共有は「保育者が自分のことを大事にみてくれている」と、子どもに伝えることにもなります。そのとき、保育者は子どもにとって自分と一緒に世界を共有してくれる人となり、保育者が子どもとの間に情緒的な通い合いや信頼的な関係を形成できるのです。子どもは、一緒に本気で共有して遊んでくれる大人が大好きです。そのようなやりとりを通して子どもと保育者の心がゆっくりとつながっていくのです。そのうえに保育者との信頼関係も築かれていきます。

その保育者との情緒的な信頼関係が、保育者が子どもを〈多様なものごとやまわりの仲間とのかかわり〉へと広げていくといった、つぎのステップへと誘う働きかけの基盤となっていくのです。

(3) 誘《いざな》う

そのように保育者は、子どもの外界への興味や関心をしだいに広げ、さらにそれが仲間とつながり、それを共有していけるような関係へと広げていくような誘《いざな》いが保育的な支援として必要になってきます。

保育者がそのように根気よく誘うなかで、子どもからも少しずつ変化が起こってきます。もし、そのような変化がうかがえたときには、同時に、つぎのような子どもへの保育的な支援が必要になります。

(4) 認める・励ます

誘い的な支援の過程で、子どもからのわずかな変化であっても、その兆候があれば、保育者はそれをとらえて認める・ほめる・おだてるといった働きかけや、それをまわりの子どもたちにも知らせ、子どもたちも認めていくような仲間との関係づくりが大切な支援になってくるのです。それは上述のようなADHDや自閉症スペクトラム障害のある子どもでも同じことです。このような障害をもった子どもには、その支援過程において、とくにほめる・おだてるといったことが大切になります。叱ることより、たとえ少しでも子どもができたときには、手間を惜しまずほめてやるといったことが、セルフエスティーム(自己への評価)を高めるのに大事なのです。このような高まりが、社会生活訓練や療育における子どものヤル気をさらに引き出していくことにもなります(平岩、二〇一二)。

以上のような支援の道筋は、どの発達障害児の保育的なかかわりにあっても同じように必要になってくるのではないでしょうか。よくよく考えてみると、このような支援の道筋や要点は、何も発達障害児の特別な支援だけにかぎることではなく、まさに保育一般においても求められるように思います。まさに、これらは保育そのものに共通する支援の心得ではないでしょうか。

4 まとめに

統合保育やノーマライゼーションとは、障害をもった子どもでも普通の子どもたちと一緒に生活することを指します。そのためには、障害をもった子どもに対する特別な支援や保育的な配慮がとくに必要となってきます。それでは、統合保育をしていくのに保育者にはどのような支援が求められるのでしょうか。まず保育者が子どもとの間にいかに情緒的な信頼関係をつくり出すかということが大切になります。その関係をベースとしながら、わずかずつでも子どもの世界を広げ、仲間とのかかわりをつくっていくことが求められるでしょう。その際、まわりの子どもが奇妙な子や厄介な邪魔者として障害児をみるのではなく、ともに生活するなかでごく自然に障害への配慮や援助がなされるような関係づくりが大切になります。そのような仲間との関係づくりがなされるとき、統合保育における互恵的な育ち合いも可能になるのではないでしょうか。

〈互恵的〉とは、双方の育ちにとってメリットがあるということです。障害児は、そのような他児と一緒の生活を通して、その子なりに経験を広げさまざまなことを学んでいくことになります。また健常児にとっても、障害児への配慮行動（養護性）や、障害を支えあいながら一緒に生活していくすべを学ぶ貴重な機会になるのです。

忘れてならないこととして、もう一つの大切な互恵性もあります。障害児にとって、保育者は集団における生きづらさを支え、自分に寄り添い、育ちを支援してくれる大切な味方になります。他方の保育者にとっては、その子どもとの生活は自分の保育の力量が試される試練の場です。そこで支援の方法を悩みながら懸命に模索していくなかで、障害児とかかわることによって子ども理解を深めるとか、自らの保育技能をより高める機会や経験になるのです。障害児への支援では、それが健常児のようには一筋縄ではなかなかうまくいかないことも経験します。しかし、支援方法を模索するなかで子どもが変わってくるとき、健常児での保育とはまた違った保育の喜びを、保育の醍醐味を、保育者にもたらしてくれるきっかけにもなるのです。これが、保育者と障害児の間にあるもう一つの互恵性です。

保育における特別な支援の経験が、以上のような互恵的な相互関係へと導く契機になるとき、そこに統合保育の意義も生まれてくるのではないでしょうか。

■参考文献

平岩幹夫　二〇一二　自閉症スペクトラム障害——療育と対応を考える　岩波新書
岩田純一　一九九三　子どもにとっての学校　信濃教育　第１２７３号

岩田純一　一九九四　保育の心理学　岡本夏木・河嶋喜矩子（編）　幼児教育を学ぶ人のために　pp.241-257.　世界思想社
岩田純一　二〇一四　子どもの友だちづくりの世界――個の育ち・協同のめばえ・保育者のかかわり　金子書房
杉山登士郎　二〇〇七　発達障害の子どもたち　講談社（講談社現代新書）
津守　真　一九八七　子どもの世界をどうみるか　日本放送出版協会

6章 ことばの保育

1 はじめに

幼稚園教育要領、それに準拠する保育所保育指針には教育に関する「ねらい」と「内容」として5領域があげられています。それらは「健康」「人間関係」「環境」「言葉」「表現」という領域です。このうち、幼児教育において「言葉」領域はとくに大切な領域だと思います。それは、ことばのやりとりによって仲間との生活がつくられていきますし、そもそも保育者はことばを介して、保育の実践を行い、子どもたちとかかわっていくからです（岩田、二〇一四）。またほかの領域の保育のねらいも、「話す」「聞く」ということばを介した保育のなかで実現していくことになります。そのようなことばの力を子どものなかに育てていくことは大きな保育の課題になります。幼稚園教育要領の領域「言葉」においても、ことばで表現する力や、他者のことばをしっかり聞いて理解する力の涵養、すなわちことばによるコミュニケーション能力を培っていくことが大切なねらいとしてあげられています。昨今、子どものコミュニケーション力の育ちの問題が現場で指摘されています。そのような状況のなかで、ますます「話す」「聞く」ことばは育ちの保育の大切な目標になってきます。

本章では、そのようなことばの力を育てる教育を二つの側面から考えてみたいと思います。それは、ことばの構造（仕組み）と機能（働き）という側面です。前者のことばの構造とは、文字通り日本語（音、語、文、文章）を成り立たせている仕組みのことであり、いわゆる日本語の文法ということになるでしょう。もっとも、国語科教育のなかで日本語の文法的知識を教科として教えることは小学校から始まります。しかし、そのようなことばの仕組みへの気づきは、すでに幼児期のことば遊びとなってみられるようになります。このような気づきは、ことばを表現の道具として自覚的に使いこなしていくうえで大切な要件となります。なぜならば、ことばの仕組みを自覚的に知ることは、道具としてことばを操っていくうえで大切になるからです。

もう一つの側面は、ことばの機能（働き）です。子どもは、会話や対話におけるコミュニケーションのなかでいかにことばを効果的に使って伝えていくか、自分が伝えたいことを、効果的に聞き手に伝えることばの使い方を学ばねばなりません。

幼児の言語教育においても、この二つの側面のことばの指導や育ちが大切ではないかと思います。それらの育ちが相俟って、しっかり「話す」「聞く」といったコミュニケーションの力の養いにつながってくるように思います。

本章では、ことばの二つの側面に関与するものとして、ことばの構造的側面としての〈ことば遊び〉、機能的側面として〈比喩表現〉を例にとりあげて考えてみたいと思います。

2 ことばでの遊び

ことばの発達のなかで、それまであまり意識することなく話していた自らのことば自体へ関心が向いてくる時期がやってきます。子どもがことばを話せるようになってくると、今度は自分が話していることばそのものに関心や意識が向いてくるのです。いわゆる、ことば自体を対象としてメタ化する能力が芽生えてくるのです。メタ化とは、その対象から距離をとって、対象そのものを客体的・分析的にながめるということをいいます。ことばで遊ぶというのは、ことばを遊びの素材として使うようになってくることです。それは、ことばそのものを客体的な対象としてながめるというメタ化能力の育ちなのです。

ことば自体への関心の芽生えは、ことば遊びといったかたちでみられるようになります。たとえば四歳半ば頃にもなってくると、しりとり遊びなどを楽しむようになってきます。このしりとり遊びは、子どもが語を構成する語音の仕組みに気づいてきたこと（音韻意識）の証《あかし》なのです。音節の分解、音節の抽出と言われている語音の仕組みへの気づきです。たとえば、「さくら」という声に出してみる音声が、「さ」「く」「ら」という三つの音から成り、最後の音が「ら」であるとわかるからこそ、尻の音をとってのしりとり遊びが可能になってくるのです。このような仕組みへの気づきが、文字（語）の読み書きを可能にしていく基礎になってくると言われます。〈さくら〉という視覚的な文字綴りから、分解された音声に対応させながら「さ」「く」「ら」と拾い読みしていくこと、さらに「さくら」という聴覚的な音声を聞いて、その分解された音節に対応させて〈さ〉〈く〉〈ら〉と文字を綴っていくことを可能にしていく基礎的な必要条件となってくるからです。

このほか、時を同じくして、なぞなぞ、反対ことば、さかさことばなどの遊びがみられるようにもなってきます。子どもが語音や語の意味（語義）の仕組みに自覚的になってくるのです。もっとも、子どもが自発的にことばで遊ぶ以前にも、もっと早く、親子の間では「一がさした、二がさした……八（蜂）がさした」といった、伝承的なやりとり遊びなどがみられます。このようなことばを介した親子の遊びは、はからずも、楽しいやりとりのなかで知らないうちにことばの仕組みに気づかせることばの教育の役割を果たしてきたともいえます。伝承的なことば遊び歌もそうでしょう。

園によっては、このようなことばの仕組みに気づかせていくようなことば遊びを指導に取り入れているところもあります。たとえば、ものの絵カードを使って、「音の数いくつ」とその音節数をあてさせるとか、音節数を指定しながら同じ音節数のものをあげさせるといった遊びなどがみうけられます。そのようなことば遊びによる指導は、子どもの音節や音韻意識を育むことにつながるのです。

年長児にもなると、たんにことばの遊びを楽しむだけでなく、つぎのエピソードのように、それを別の遊びのなかの手段として使うといったことがみられるようです。

◇年長の男児が五、六人階段下に集まって遊んでいます。その遊びをみていると、まずじゃんけんをして勝った子どもが単語を挙げ、その単語の音節の数を数えながら階段を上り、一番早く上の踊り場に上ることを競い合うというものです。じゃんけんに勝った者は、できるだけ音節数の長い単語を思い出そうとして必死です。その際、一度仲間が挙げた単語は使えないというルールがあるようでした。

子どもがことばの仕組みを知っていくことは、ことばという道具を使いこなす一つの大切な条件にもなります。道具の構造を知ることは、その道具をうまく使いこなす要件の一つになるからです。その意味で、自ら話していることばの仕組みに気づかせていく保育は、ことばによる確かな表現力だけでなく、ことばを使ってものごとを分析的に考えていく道具としての力を培っていく基盤となるようにも思われます。すなわち、自身の表現の論理的な一貫性・整合性をモニタリング（自己監視）しながらことばを話す、他者の表現の意味的一貫性・整合性をモニタリングしながら聞くという力や、ことばを操ってものごとを分析的にとらえる・考えるといった行為を確かなものにしていく要件の一つとなるように思います。

幼児の言語教育として、そのようなことば遊びを体系的に取り入れ、音声、語、文、文章、文字の仕組みに気づかせるような保育教材の工夫・開発（村石ら、一九七三）もなされています。また、幼児や低学年児童を対象に、日本語のリズムの美しさ・楽しさやことばの仕組みのおもしろさに気づかせていくような絵本（教材）もみられます。

あひるがみずをあびる
すずめよすすめ
…
しかくはべっど　べっどははずむ
はずむはぼーる　ぼーるはまるい
…
いちわでもにわとり
にどたべてもさんどいっち
よじにきてもごじら
…

うたうた
きつねははねつき
みるくとくるみ

（和田　誠『ことばのこばこ』すばる書房、一九八一年より）

これは和田（一九八一）による『ことばのこばこ』と題された楽しいことば遊び絵本の一部です。ページごとに、挿絵つきで上のようなさまざまなことば遊びが紹介されています。韻を踏んだことばの遊び、同音異義語によることば遊び、語音によるしりとり遊び、逆さことば遊び、一字違いで大違い、など古典的なことば遊びの数々があげられています。

詩人の谷川俊太郎は、日本語のリズムや韻律の美しさを味わうことに主眼をおき、黙読ではなく声に出して読むためのことば遊び絵本をつくっています。瀬川康男の軽妙な挿絵、踊るような文字は、絵本をみる者をわくわくさせ、そのことば遊びの世界に誘います。ページをめくると、たとえば以下のような「いるか」や「かっぱ」と題することば遊びの詩があります。

いるか

いるかいるか
いないかいるか
いないいないいるか
いつならいるか
よるならいるか
またきてみるか
いるかいないか
いないかいるか
いるいるいるか
いっぱいいるか
ねているいるか
ゆめみているか

かっぱ

かっぱかっぱらった
かっぱらっぱかっぱらった
とってちってた
かっぱなっぱかった
かっぱなっぱいっぱかった
かってきってくった

（谷川俊太郎詩・瀬川康男絵『ことばあそびうた』福音館書店、一九七三年より）

そこでは、「いるかいるかいないかいるか」「かっぱ（が）らっぱ（を）かっぱらった」のように同音異義語を組み合わせたり、韻を踏む語呂を合わせたような表現を楽しむといった、ことばでの遊びがなされています。必然的に、そのようなことばの遊びが、ことばのしくみを知ることにつながるのです。このことば遊びの絵本では、日常的ではない、韻を踏んだナンセンスなことばの組み合わせを自由に生むことになり、それを楽しむといったことがみられます。これはナンセンスな挿絵を伴っての『ことばあそびうた』です。

また谷川は、文のなかに文が埋め込まれながらどんどん長くなり、それがストーリーとして展開していく絵本『これはのみのぴこ』も作っています。その一部を紹介しますと、以下のように、絵本のページをめくると、つぎつぎに文が埋め込まれながら付け加わっていきます。その出だし数ページだけを引用してみましょう。

これはのみのぴこ

これはのみのぴこのすんでいるねこのごえもん
これはのみのぴこのすんでいるねこのごえもんのしっぽふんずけたあきらくん
これはのみのぴこのすんでいるねこのごえもんのしっぽふんずけたあきらくんの…（後略）

（谷川俊太郎作・和田　誠絵『これはのみのぴこ』サンリード、一九七九年より）

前の表現を繰り返しながらも、新たな内容（出来事）が付け加わった挿絵とともに、文が埋め込まれながらしだいに表現が長くなっていきます。声に出して読んでみると、リズミカルな繰り返しのおもしろさがあり、子どもは文のなかに文が埋め込まれていく表現の仕組みに気づかされていくことになります。文のなかに文が次々に埋め込まれてお話の展開になっていくことば遊びの絵本です。最近では、絵本作家五味太郎による一連の楽しいことば遊び絵本などを目にすることができます。ぜひ一度ことば遊びの絵本を手にとってご覧になってください。

先述したように、このような絵本の読み聞かせも含めて、ことばの仕組みに気づかせていくような保育が、子どものことばの表現力、さらに考えるためのことばの力を培うための一つの手立てとなるように思います。

3 あることば遊びの保育から

ことば自体に関心が向いてくると、ことばでの遊びが日常会話のなかでみられるようになります。一時はやりましたが「ほっかいどう（北海道）はでっかいどう」などのテレビで流れるCMをまねた駄洒落を言い合って会話を楽しむ姿がみられます。そのようなことばでの遊びを通して、子どもたちは自然にことばの仕組みに気づいていくことにもなります。しかし、意図的にこのようなことば遊びを言語教育として積極的に取り入れていく保育もみられます。

ある幼稚園で、たまたま年長児に文の仕組みをことば遊びとして導入した保育を参観しました。当日は、〈ひろい、あたたかい、かわいい、しろい、すっぱい〉が書かれたそれぞれ5枚の形容詞の文字カード、〈うみ、スープ、いぬ、スカート、うめぼし〉が書かれた名詞カード、〈で、を、が、を、と〉といった5枚の助詞カード、〈およぐ、のむ、はしる、ほえる、たべる〉といった5枚の動詞カードが用意され、子どもたちには制限時間内に「形容詞＋名詞＋助詞＋動詞」の順序からなる文章（構文）をそれらのカードを組み合わせてつくるといった、文の仕組みに気づかせることば遊びでした。

子どもたちは5つのグループに分けられ、グループごとにつくった正しい文の数を競い合うのです。すでに異なるカードで同じ遊びをしてきているので、すぐさま子どもたちは要領よくカードを並べていきます。並べ終わった後、グループごとに前に出て、作成した5つの文例をみんなの前で発表し（カードには裏に磁石がついており、それを保育者がホワイトボードに貼って読み上げる）、保育者に文として適切かどうか、おかしくないかどうかを判断・評価してもらっていました。

グループごとに発表した文の多くは共通しており、ある意味で、保育者の期待や思惑通りの作成文でした。それはつぎのような組み合わせによる文です。〈ひろい　うみ　で　およぐ〉〈あたたかい　スープ　を　のむ〉〈かわいい　いぬ　が　ほえる〉〈しろい　スカート　をはく〉〈すっぱい　うめぼし　を　たべる〉といった文です。しかし、グループのなかには保育者の思惑とは少し違った文づくりがみられたようです。あるグループが、〈あたたかい　ス

カート　を　はく〉〈かわいい　スープ　を　飲む〉という文を作って発表したのです。すると保育者は、みんなに向かって文を読み上げながら、保育者の期待していた組み合わせ文とは違ったのでしょうか、とくに後者の文には「ちょっとおかしいね」と言い、前者の文も「寒いときに〈あたたかいスカートをはく〉って言わないこともないね」「でもちょっと減点かな」と評価しました。そのグループの子どもから、「それじゃ3点（5点満点中）」と声があがり、まわりの子どもたちも納得したようにうなずいていました。しかし筆者が観察していたグループのある子どもから、茶化したような口調で〈すっぱい　うみ　で　およぐ〉とつぶやくのが聞こえました。

これは、筆者の目にしたことば遊び保育の風景の一コマです。

このことば遊びは、たしかに「形容詞＋名詞＋助詞＋動詞」からなる文の統辞的なしくみに気づかせていくことの助けになるでしょう。しかしもう少し、このことば遊びの保育について考えてみたいと思います。

(1) 発話の文脈

この保育は、日本語のことばの仕組み（構造）に気づかせることをねらいとしています。〈形容詞＋名詞＋助詞＋動詞〉という品詞の並びだけから言えば、「かわいいスープをのむ」「すっぱいうみでおよぐ」も同じように正しいのです。しかし文では、当然ながら文の意味の適切性も同時に求められます。品詞の形態的なつながりだけでは、意味のある文表現を作れるわけではないからです。語順に加えて、それぞれの語順に入る適切な語を相互に選択しながら文を構成しなければなりません。さもなければ、品詞の語順を守ったからといって〈しろい机が泣く〉のように、日本語として奇妙であり、ときにありえない文が生み出されてしまうからです。

その意味で、このことば遊びは、文表現における語順や適切な語彙選択に気づかせることが主眼になっています。しかしながら、そこでは具体的な場面において文表現をいかに使うかという、ことばの伝達的な機能面はあまり考えないようにされています。そもそも、ことば遊び自体がコミュニケーションということばの機能から離れて、〈ことば（の仕組み）を遊ぶ〉という行為ですから当然といえば当然のことです。

この保育では文の仕組みに焦点があり、あらかじめ保育者は語の組み合わせとして模範的な表現（プロトタイプ）を思い描いていたようです。たとえば「うみ」といえば、前の語として「あおい」か「ひろい」、「スープ」といえば「あたたかい」「おいしい」のような語の選択からなる文を模範的な文例として思い浮かべていたように思います。保育者は、あらかじめ、そのような典型文を想定して教材カードをつくったのでしょう。おそらくそのような保育者の想定から外れた〈あたたかいスカートをはく〉、〈かわいいスープをのむ〉という文だったからこそ、思わず前者の文には「減点」と評価してしまい、後者の文は「ちょっとおかしい」と容認できなかったのではないでしょうか。しかし、そこに悩ましい問題が起こってくることになります。

ここで考えてみてください。本来、ことばは誰かに向けて伝えるために発話されるものです。そこでの発話の意味は、発話される場面や文脈に支えられて成立します。実際の発話文は、このような具体的な場面文脈（コンテキスト）の下でなされるのです。したがって、ときに一見奇妙に思える表現でも、ある発話文脈のなかでは、文として十分に機能するのです。「わたしはきつね」「あなたはたぬき」は一見おかしな表現ですが、ごっこ遊びでの役割宣言の文脈や、うどん屋で麺類を注文する場面では、適切な表現として成り立ち、会話文として十分に通じ合うのです。表現が意味的に妥当かどうかは文脈によっても決まってくるといえます。その意味から、発話文脈によっては「かわいいおふろにはいる」という文も十分に成り立ちうるのです。たとえば、カラフルで絵柄のついた湯船につかっている様子を想像して、「『かわいいおふろにはいっている』って言わないこともないよね」、「寒いときに『あたたかいスカートをはく』って言わないこともないね」のように、発話者の発話文脈に思いめぐらせようとします。われわれはそのような奇妙な表現を意味ある発話として何とか理解しようとします。

このように奇妙と感じられる表現であっても、発話される場面や文脈によっては、意味ある発話として成り立つのです。それは、何も発話の文脈に依存的な会話表現だけでなく、脱文脈的といわれる書きことばの文章表現においてさえも、やはり同じことがいえます。眼下の文章の意味は、発話の場のように相手の表情や共有状況といった非言語的な文脈には依存しないとしても、その前後の言語的な文脈（文章）を背景としながら意味が成り立ってくるからです。

したがって、ある文の適否判断は、その文の発話文脈を抜きに語れないのです。先の保育では、この発話文脈の問題を無意識のうちに除外していたのです。しかし、もし子どもの発話として、寒い朝に出かけるときの文脈を想像（イメージ）すれば〈あたたかいスカートをはく〉という表現は、〈しろいスカートをはく〉と同じように自然です。そのような発話文脈への気づきは、「寒いときに〈あたたかいスカートをはく〉って言わないこともないね」「でもちょっと減点かな」といった保育者のことばにも無意識に表れています。より奇妙な〈かわいいスープをのむ〉という表現も、スープの上にかわいい動物の形を模したクルトンや野菜が添えられている文脈であれば、あながち奇妙な発話ではなくなってきます。

ふたたび保育参観の場面に戻ります。これまでことば遊びでつくった文例カードが、後ろにあるスチール製の棚のよこに磁石ボタンで並べて貼ってあります。ことば遊びの保育が終わってお片づけしているとき、筆者が半ば冗談っぽく〈おいしい　りょこう　に　いく〉のように貼ってあるカードを並べ替えると、それを横でみていた子ども数人から「〈おいしい　りょこう　に　いく〉だって」と、意外な組み合わせにクスクス笑いがみられました。「おいしいりょこう」といった組み合わせは、たしかに子どもにとってはなじみのない、子どもが使わない表現です。しかし大人にとっては、ある文脈の下で、この文は自然な意味表現として成り立つことも可能です。たとえば、くじ引き抽選で旅行招待券が運良くあたって旅行にいけるといった文脈です。そのような文脈下でなら、「おいしい旅行」と比喩的に形容しても通じます。そのような文脈でならば、この表現も可能なのです。

(2) 二つのことばの教育

通常のコミュニケーションから離れたことば遊び自体が、ともすれば、この会話の具体的な場面や文脈におけることばの使い方といった側面を等閑視してしまう問題が生じるように思います。しかし、ことばの教育という観点からすると、先述のように、文脈に応じて、ことばをいかに効果的に使うかといった、ことばの機能的な側面を育むことも大切です。ことばのしくみ（構造）に気づかせるだけでなく、他方でことばの使用（機能）といった面を並行して育てることが大切になってくるように思います。ことば遊びを通してことばのリズムのおもしろさや、ことばの仕組みに気づかせるだけでなく、コミュニケーションのためにことばをいかに使うかといった両面の育ちが車の両輪のように幼児の言語教育にとっては必要となるのです。

ふたたび先ほどのことば遊び保育をとりあげると、指導のなかにことばの機能面をも取り入れたような遊びも工夫できないでしょうか。たとえば、もし子どもが〈あたたかい　スープを　のむ〉〈かわいい　スープ　を　のむ〉〈かわいい　おふろ　に　はいる〉といった文をつくったら、そのような文の表現が成り立つ文脈・場面を子どもにあげさせていくとか、それがどのような場面や文脈で発話されたと思うかを想像させていくといった遊びです。そのような発話がなされる場面や文脈イメージを想像させていくようなことばの指導です。いかがでしょうか。これは難しそうにも思えますが、想像（ファンタジー）を物語れるようになる年長児には可能な遊びのように思います。そのような遊びの導入が、文の仕組み（文型）だけでなく、発話文脈にふさわしいことば表現を選択する、発話文脈から相手の表現の意味を理解していくといったコミュニケーションの力を培うことにもつながるのではないでしょうか。以上のことは、幼児だけでなく、そのまま小学校の言語教育にもあてはまるように思います。

4 比喩的な表現の育ち

いかにことばを使うかといったことばの育ちを、ここでは比喩的な表現（メタファー）を例にとって考えてみたいと思います。言語的な比喩とは、「白雪姫は、ゆきのようにしろい」「火のように怒る」「数字の1は、まっすぐでんしんばしら」のように、〈白雪姫を雪の白さに、怒った様子を火（が起こっている状態）に、数字の1を電信柱の形状に〉といった具合に、あるものを別のものに喩《たと》えて表現することです。比喩は統辞的な語順のルールにのっとっているのですが、〈白雪姫とゆき〉〈火と怒る〉〈1とでんしんばしら〉のように、通常では一緒にならないような語が結びついて組み合わさっています。このような比喩表現は、まさに、いかに効果的に表現としてことばを使うかといったことが求められます。ものごとについての自分の印象やイメージを相手に効果的に伝えるための手立てとして喩え、相手の喩え表現からその伝えたいイメージを理解することが比喩表現の育ちにおいて求められます。このような比喩表現の発話や理解は、まさにイメージ文脈の共有を背景としてこそ成り立つのです。

幼児においても、遊びにおける見立ての文脈や、それ以外の生活場面のなかでも比喩的な表現を意図的に用いるようになってきます。このような比喩表現は、通常の表現では伝えきれないニュアンスやイメージを相手にも伝えるために使用されるのです。もともと、そのいわく言い難い感じを相手にわかってもらい、相手にも共有してもらおうとするとき、通常は結びつかないような語と語が結びついた比喩的な表現となるのです。年長児にもなってくると、会話のなかで、表現にアヤをもたせるための技巧として比喩を使うといったこともみられます。

(1) 子どもの比喩

ところで、喩え自体の始まりは早くにみられます。一歳半ば頃までには、積木や砂を車やごはんに見立て（喩え）て遊んでいる姿がみられるようになります。積木が車になり、砂粒の集合はごはんになるのです。その際、独り言のように「ブーブ」「マンマ」のように見立てを示すつぶやきが聞かれます。このように、子どもはまわりにある事物を別の事物に見立てるという行為によって、事物のイメージを自由にむすびつけて関連づけます。何かを別の何かに見立ててみるといった、いわゆるこの象徴的な働きを介して、ことがらの世界が相互につながりながら豊かに意味づけられていくことになります。ことばによる比喩の根源は、このような見立て行為のなかにあるのです。それでは、子どもはいつの頃から、どのような比喩表現を使うようになってくるのでしょうか。

筆者（岩田、一九九四）は十か所の保育所に依頼して、一週間（水曜日〜火曜日）にわたって保育者が午前九時から午後一時までの保育場面（自由遊び、食事、午睡時）で耳にした子どもの言語的な比喩表現（どんな場面で何を何に喩えたか）を全年齢クラスで一斉に収集してもらったことがあります。保育者が気づいたものという制約、年齢クラスによる担任人数の異なり、保育者による収集力の個人差といった要因を考慮すると、比喩使用の実態を厳密に反映しているとはいえません。しかし、それでもおおまかには比喩発達の一般的な様相はうかがえることができるように思います。
積木を「ブーブー」と言いながら遊ぶ見立て的なことばの比喩は一歳半ばからみられはじめ、図6－1、図6－2のように象徴遊びが盛んになる二歳半ば前後（一歳児クラス）にかけて、一人あたりの平均頻度数（頻度数／観察対象の子ども数）はピークを迎えています。それらの比喩をみると、すべて知覚的な類似性に基づいています。たとえば、丸めた粘土をタイヤのように転がしながら「ブッブー」と喩えるといったものです。このように、喩えるものと喩えられるものの間にある形態、大きさ、色、動きなどといった知覚的な類似性に基づく喩えがほとんどを占めています。この頃、子どもの移動空間が大きくなるため、保育者による比喩の採取が難しくなってくるという面はありますが、二歳半ばを過ぎると平均頻度数は減少してくるのがみられます。

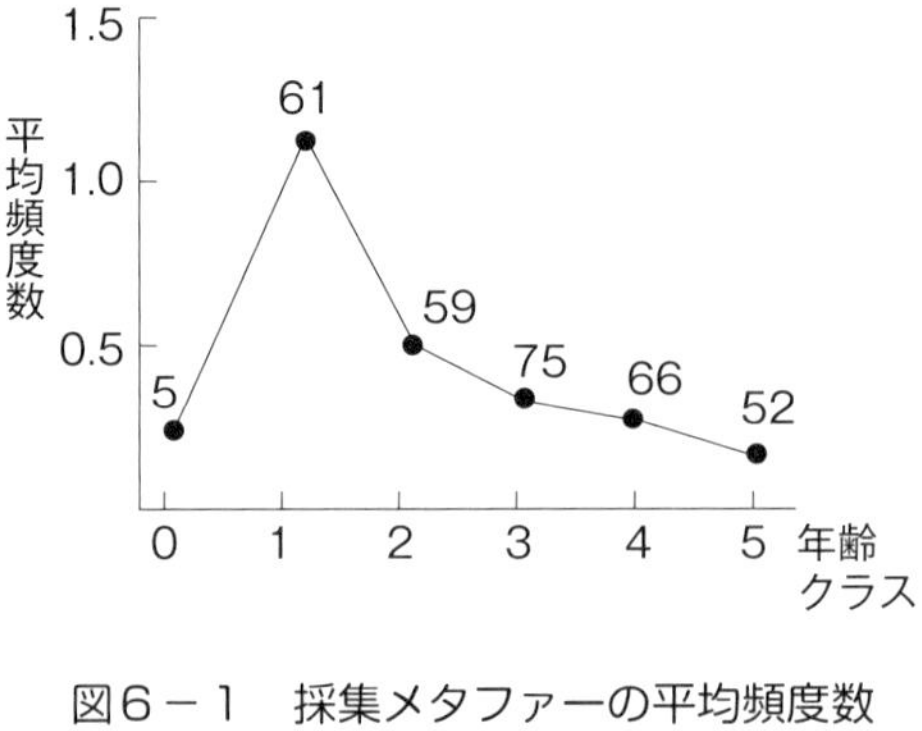

図6－1　採集メタファーの平均頻度数
（岩田，1994）
図中の数は出現頻度総数を示す。

ところでMarjanovic-Shane（1989）という研究者は、見立て遊びの文脈における比喩的な表現を〈真の比喩表現〉と区別する必要があると述べています。見立て遊びでの喩えは、あくまで、ごっこという虚構の平面内で、遊びを維持する代理としての喩えであり、本来の修辞的（言葉を有効に使って適切に、効果的に表現しようとする）比喩とは異なるといいます。そのような観点から比喩表現を分析すると、そこに発達的な変化がみられました。〇、一歳児クラスでは、すべてが見立て遊びの文脈における知覚の類似性による単純な喩えでした。しかし、このような遊びの場のなかでの見立て的な喩えだけでなく、遊び以外の生活場面のなかでも喩え表現（図6－2の〈真のメタファー〉）を使うことがみられるようになってきます。積み木を「ケーキみたい」と遊びで見立てる比喩だけでなく、雨風で窓からみえる杉の木が一斉にゆれているのをみて「怪獣みたい」「ゴジラが泣いとる」（いずれも四歳一か月男児）、風邪のため登所人数が少なく、降所時には男児二人、女児二人になって並ぶ様子を「イチニ、イチニ車のタイヤみたいや」（四歳三か月男児）、給食のカレーソテーを食べながら「アーア辛い、辛い、口から火がでそうや」（六歳三か月女児）、冬眠中の死んだように動かない亀をみて「亀、石になっとる」

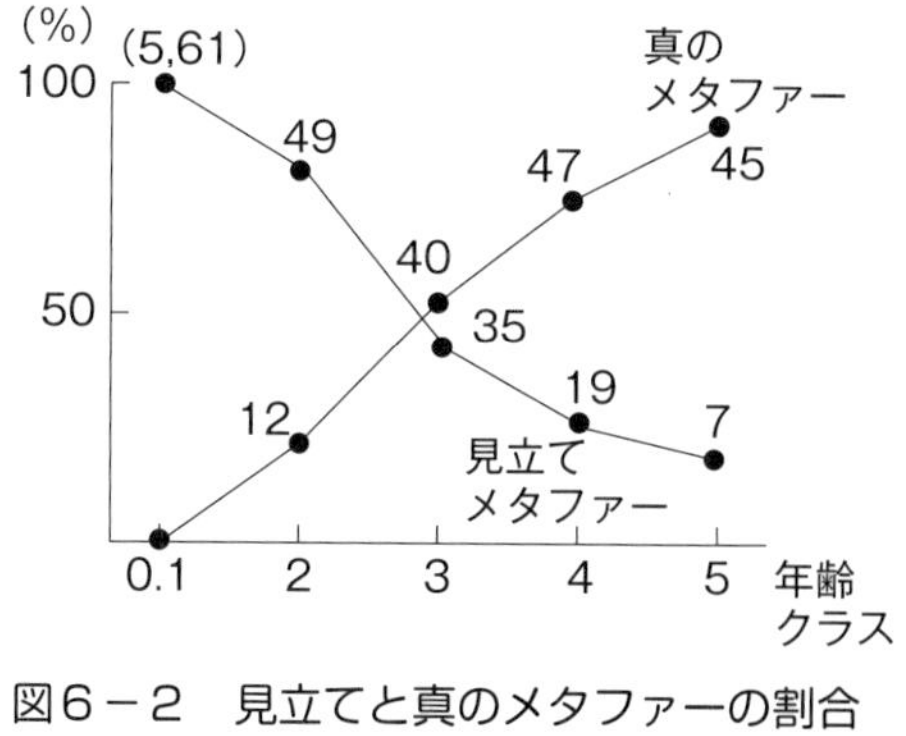

図6－2　見立てと真のメタファーの割合

図中には各頻度数が示されている。

（六歳六か月男児）のように、事象を別の対象に喩えて他者に説明・叙述するような比喩が三歳頃（二歳児クラス）になるとみられ始め、年長児にかけて比喩表現全体に占めるその割合が増加してくるのがみられます。また、それらの比喩も単に表面的な知覚類似性に基づくだけではなく、嫌いなおかずをやっと飲み込んで「口のなか消えていった。雪のようやね」（二歳児クラス）、溶けた雪だるまをみて「雪だるま死んだ」（三歳児クラス）、赤と緑のステンドカラーを混ぜた水を「あっ、この色とこの色結婚しとる」（四歳児クラス）、降り止まない雪を仰ぎ「神様のウンチまだ終わらんね」、仲間の竹馬の乗り方をみて「乗り方まろやか」のように、より観念的・様態的な類似性による喩えと思える比喩表現の割合が、三歳児クラスから四歳児クラスにかけて、すなわち四歳半ば頃から五歳を境に増加してくるのがみられます。より概念的な類似性による比喩も増えてくるのです。表現意識が育ってくる年長児には、相手に効果的に伝えることを意識したような比喩表現を使うようになってくるのがみられるようです。

そうはいっても、遊びのなかで、あるものを別のものに喩える見立ては幼児期を通しての特徴です。よくみると、この見立て遊び的な比喩行為のなかにも育ちがみられます。先述のように、早くからも見立て行為はみられますが、それぞれの見立てを、他児と伝え合って共有するようになるのはもう少しあとのことです。年少児くらいになっても、机で一緒に粘土をこねている数人の子どもが、自分がこねた作品をめいめいに「へびみたい」「〜みたい」と自分の見立てを言っていますが、それぞれの見立てを言い合って仲間と会話をすることは難しいようです。このような会話は、やはり遊びにおけるイメージを共有できるようになってくる年中児になる頃からであろうと思います。仲間と大型積木を囲って舟をつくり、囲いの外を「ここ海よ」「さめがいっぱいおよいでいるよ」と、仲間内で見立てを共有するために喩えを了解し合う会話もこの頃から明確にみられるようになるのです（岩田、一九九四、一九九八）。

（2）保育における比喩

保育のなかで、保育者自身もあまり意識することなく比喩的な表現を使っているようです。保育中に保育者がどのような比喩表現をどれくらい、どんな保育場面において使っているのかは興味のあるところです。そこで、ある保育所で全保育者にピンマイクをつけてもらい、三月中旬の週末と週明けの二回にわたって午前九時半から午後三時半という保育時間における子どもとのやりとりを収録して分析したことがあります（岩田、二〇〇二）。筆者の指導の下に、大西（二〇〇〇）はその膨大な文字化資料から、試みに〇歳、一歳、二歳児での保育者と子どもの比喩発話に焦点をあて分析しています。それぞれ、月齢の前後半によって分けられた二クラスからなります。分析の対象となった保育者は、いずれも保育年数十二年以上、四十歳代の保育者でした。なお、〇歳児前半クラス（月齢五～十四か月のHクラス）に関しては、保育者の比喩だけが分析してあります。

図6－3から、まず採集された子どもの比喩的な表現の発話頻度総数をみると、まだ〇、一歳児クラスではわずかしかみられません。しかし、クラスの対象人数の多少を考慮しても、比喩的発話が二歳児クラス〈生活年齢が三歳から四歳〉に入ると急激に多くなるのがみられました。子どもが自発的に産出した自発的な比喩発話にかぎっても、この頃に急激な増加がうかがえます。ちなみに、図中にある〈保母の模倣〉とは保育者が発話した比喩表現を子どもがまねた発話であり、〈ほかの子どもの模倣〉とは仲間の比喩表現をまねた発話の頻度を示しています。

出現した比喩表現を、遊びとトイレ、食事、午睡時などの生活場面に分けて分析しましたが、いずれの年齢でも、見立て遊び的な場面における発話が主であり、この調査では生活場面での先述した〈真の

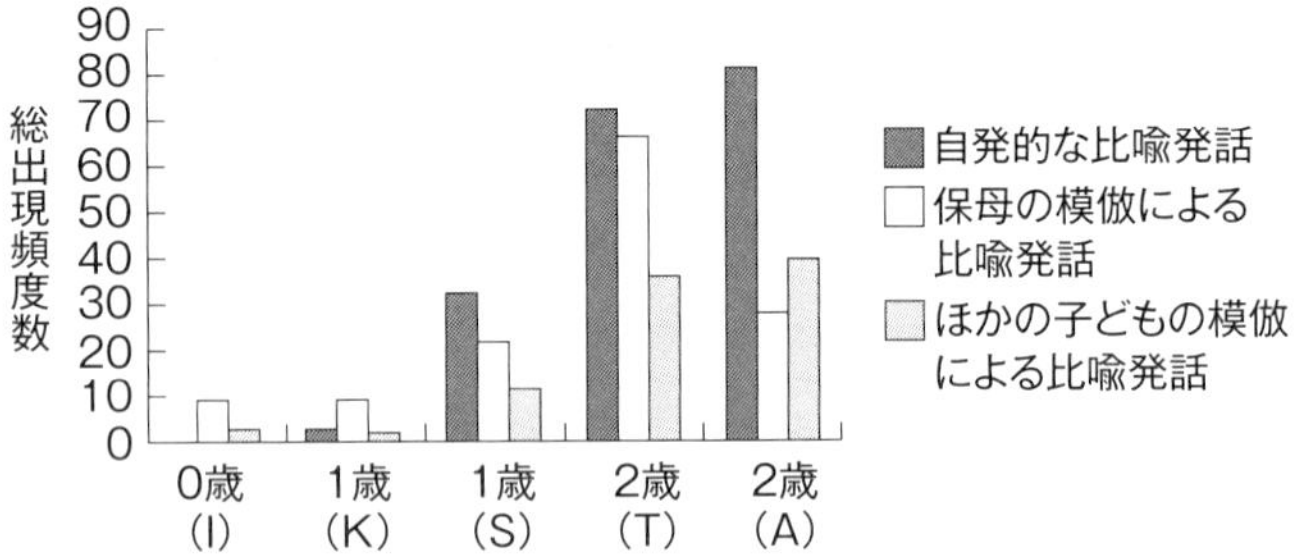

図6－3　子どものメタファー発話タイプ

それぞれのクラスの人数と平均月齢は、I（9名:17.4か月）、K（22名:23.9か月）、S（14名：30.5か月）、T（17名：38.9か月）、A（20名：44.5か月）である。Iでは発話数が少なく複数担任2名の保育士のデータが込みにして分析されている。

メタファー〉と思えるような比喩はあまりみられませんでした。見立て遊び以外の文脈で使用される比喩的な発話は、一歳児のSクラスから現れ始めるのがみられますが、増加しても十を超えることはありませんでした。

他方、保育者による比喩使用の実態はどうでしょうか。保育のなかで保育者は、〇歳児クラスから子どもに向かって比喩表現を使っているようです。保育者による自発的な比喩も、やはり見立て遊び的な文脈での比喩がいずれの年齢でも多いようです。保育者は、子どもと一緒の見立て遊びを共有するために比喩を使っているようです。子どもに比べれば、見立て遊びといった文脈外における比喩使用は多く使用されますが、もっとも多かったTクラスの保育者でも三十六でした。

保育者による個人差もみられますが、やはりクラス年齢によって比喩使用の増加がうかがえます。とくに二歳児のTクラスではそれまでの年齢クラスに比べて保育者の比喩

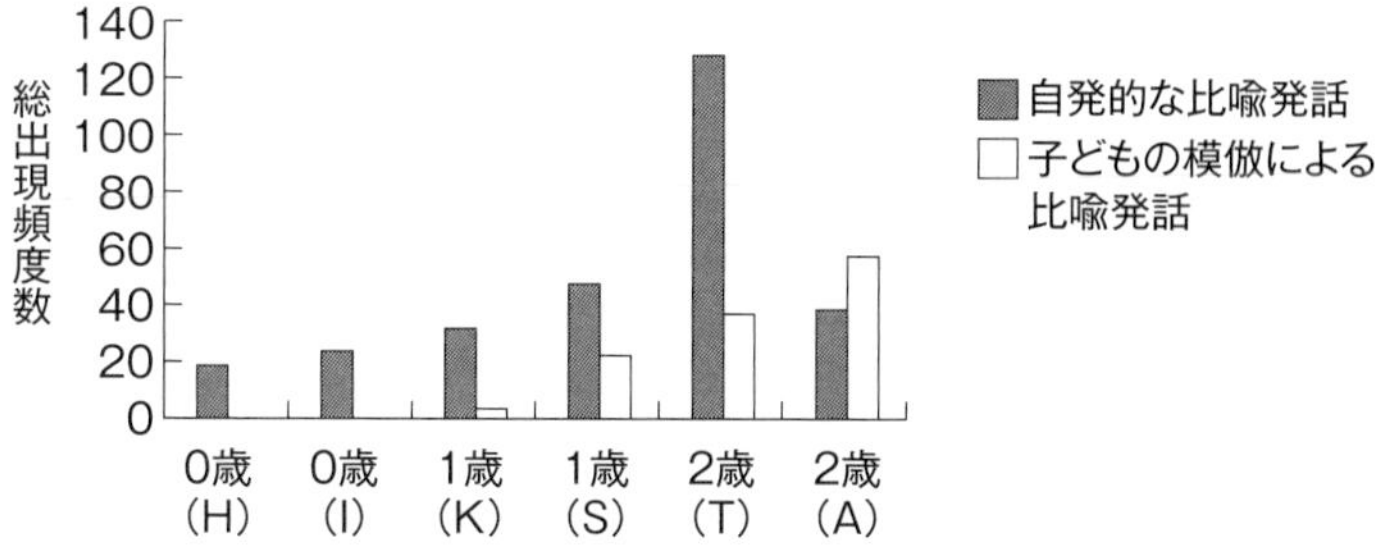

図6－4　保母のメタファー発話タイプ
（岩田，2002）

使用に顕著な増加が認められます。しかしながら、二歳児のAクラスでは一歳児クラスなみでした。そこに同じ二歳児クラスでも、保育者による個人差をうかがうことができます。そもそも保育中の子どもへ語りかける総発話数自体においてもAクラスの保育者はTクラスの保育者と比べ少なく（Tクラスの保育者のほうが保育中に約二倍も多くのおしゃべりをしていました）、また図6－4からもうかがえるように、保育者からの自発的な比喩表現よりも、子どもの比喩表現を模倣する頻度が相対的に多いといった特徴がうかがえます。Tクラスの保育者は、Aクラスの保育者より発話総数自体も多く、比喩表現も多用していますが、図6－3から子どもの自発的な比喩発話の頻度は両クラスでそんなに変わりませんでした。しかし、保育者が比喩表現を多く使うTクラスの子どもはそれらを模倣しての比喩発話がAクラスよりも明らかに多くみられました。

なお先の調査（1）の図6－1と比較して、共通する〇歳、一歳、二歳クラス児の結果における不一致点にお気づきでしょうか。（1）の保育者の採集による調査では、子どもからの比喩は〇歳から一歳児クラス（二歳半ば前後）にかけ比喩的な表現数は急増するが、二歳児クラスに入ると減少していました。（2）のピンマイク調査でもやはり同じように二歳半ば頃の一歳児クラスで大きく増加しています。しかし、二歳児クラスに入ってさらに増加をみせています。ここには両調査の結果に不一致がみられます。その原因は、調査方法や分析の仕方の違いによるものと思います。多数の園の保育者による比喩表現の採集報告に基づく方法に比べ、ピンマイクによる採集は、一つの園内において、各保育者の耳に届く比喩的な発話は余すところなく録音・文字化され、そのすべてが分析の対象とされています。またピンマイク調査の分析では、比喩発話であるか否かの判断が保育者の判断に委ねられるのではなく、言語的比喩の基準（中村、一九七七）にしたがって調査者によって厳密に行われており、保育者による自発的な比喩採集に比べて、「おイスの足」といった慣用的な比喩なども含めて幅広い表現が比喩として計数されています。さらにピンマイク調査では、同じような比喩的な表現が出現しても総出現頻度として計数されています。そのような違いがあっても、それぞれの調査条件でという制約のもとで、それぞれが子どもの比喩的な発達の実態を反映しているように思います。

(3) 絵本のなかの比喩

ロングセラーリストとして子どもによく読まれている絵本一八〇冊（日本書店組合連合会、一九八二年）にみられる比喩的な表現の実態を調査しました。それらの絵本のジャンルは多岐にわたっており、モノの絵本、生活絵本、物語絵本、科学絵本、文字や数の絵本、歌（童謡）絵本などからなります。しかし、絵本の中心は物語絵本が占めています。また絵本といっても、読み聞かせられる対象年齢によって、ブルーナーの絵本のようにほとんど文字の書かれていない絵本から、絵よりも文字が大きな部分を占めるお話し絵本まで幅広くみられます。以上のような多種の絵本に出現する比喩表現を分析してみました（岩田、一九八七）。幼稚園や保育所で読み聞かせられる絵本から、子どもがどのような比喩表現を耳にしているか実態を知るためです。そこでさまざまなことがわかりました。

子どもが読んだり、読み聞かせられる絵本にはじつに多くの比喩表現が使われています。はやくから子どもは絵本を通してもさまざまな比喩表現に出会っていることがわかります。それらは「ちきゅうは、ぼーるのように丸い」「ゆきのようにしろい」「かばのようなくち」「かみなりのようなこえで」といったように知覚的な類似性に基づく喩えが主流ですが、それ以外にも「おおきなきぶん」「火のように怒る」「天使のような心」「死のくにのよう」「かなしみにしずむ」「秋がふかい」「エンジンはわたしたちのしんぞうのようなもの」といった観念的な様相や機能の類似性に基づく比喩表現も結構多く使われています。また、「目にはいる」「首をながくする」「耳にこびりつく」「胸をふくらませる」「舌つづみ」「歯がたたない」のように、身体部位に結びついた慣用的な比喩表現もよくみられます。そのなかでも目に関係する身体的比喩が多く、ついで口や耳、胸、頭などでした。ちなみに先の調査（1）でも、子どもから、渋柿を噛んでしまって「口がはっついたみたい（四歳児）」、友だちが耳元で大声を出したとき「耳はじけたかと思った（五歳児）」といった身体部位に結びつけた比喩表現がみられました。

このような実態調査をみると、保育者からかけられることば、園で読み聞かせられる絵本の表現など、存外に早くから子どもは保育のなかで多くの比喩的な表現にさらされていることがわかります。そのようなことばの環境が、おそらく生活のなかで比喩を表現として理解し、表現として比喩を使用する力を子どもに育んでいくものと思います。

5 保育と比喩表現

保育者は、子どもと一緒の遊びのなかで多くの見立て的な比喩表現を多く使います。しかし、それ以外の場面でも、子どもに保育的な指示を与えるとき、その指示を子どもに理解させる手立てとして喩え表現を使うことがみられます。先のピンマイク調査においても、一歳児クラス（一歳半ば過ぎ）から、エプロンを巻いて仕舞わせる際に「おすしにしておいて」と子どもに指示しているのをみました。一歳児クラスになると、食べるのに大きく口をあけさせるとき「かばの口さんあけて（かばさんみたいに大きな口あけて）」、食べ方を説明するのに「お父さんとお母さんの手（親指と人差指のこと）で食べるんだよ」、動かないで座っていてほしいとき「お山みたいにすわって」といったような喩えを効果的に使い始めるのです。

また、効果的なしつけのために、あえて見立て遊び的な文脈を作り出し、そこで、子どもが理解しやすい喩えを使って指示を出します。

◇ある幼稚園の三歳児クラスで、子どもがお家ごっこで遊んでいる。お片づけの時間になり保育者は子どもたちにブロックを片付けさせている。「おうちのおひっこし」と声をかけ、「ひっこしお願いします」とブロックを子どもに手渡す。子どももその気になってつぎつぎ運んでいく。（4月）

七夕製作（折り紙で織姫をつくる）の保育場面において、まず折り紙を三角に折り、端と端を重ねるのに「つぎは、こんにちはって合わせます」と保育者が声をかけています。子どもがスモックをたたむとき端と端をもって合わせる要領を「こんにちは」といつも保育者が喩えて声かけをしていたからです。すると、多くの子どもたちは折り紙のほうにお辞儀をしたそうです。スモックをたたむという文脈では比喩的に理解されるようでしたが、製作活動のなかでその喩えをうまく理解できず、思わず折り紙に向かってほんとうに〈コンニチハ〉をしてしまったのです。これは笑い話のような失敗例ですが、このように子どもがどのように振る舞えばよいのか、その要領や仕方をわかりやすく指示するのに、保育者はよく比喩を使うようです。

これは、比喩的な表現が通常の指示より子どもの注意をひき、具体的な行動のイメージを喚起することによって理解しやすいからでしょう。このように保育者は、早くから無意識のうちに、子どもに自分の発話意図をより理解させようとして喩え表現を使っています。早くから、喩えによる表現は、保育における子どもとのコミュニケーションにおいて有用に働くのです。

このような保育者の喩えを耳にすることは、子ども自身が喩えて考えることへとつながっていきます。それは、ものごとの認知における比喩的な思考や類推的な思考の働きにつながってもくるのです。すなわち、喩えが問題の解決や思考の機能を担ってくるようになるのです。

子どもが問題解決的な場面で困っているとき、「こうしなさい、ああしなさい」と直接的な指示を与えても、うまくその要領や意味を飲み込めないことがあります。そんなとき、子どもになじみのあることがらに喩えて表現してやると、いっきょに解決されることがあります。たとえば、つぎのエピソード（内田・鈴木、一九九〇）は、ある四歳児が図鑑を見ながら保育者と一緒に石油タンカーを製作しているときのものです。

石油タンカーづくり

保育者「こうして。みんな白だね。煙突？　燃料用タンク。段々になっている」「ゆうき

ちゃん、これ。これを四角にしてくれる？　箱みたいに」（と言って、画用紙をゆうきに渡す）

ゆうき　（保育者が渡してくれた画用紙で箱をひとつつくる）

保育者　「その次は、ちょっと小さいのね。段々ちっちゃくなる」

ゆうき　（同様にして、中くらいの箱と小さい箱をひとつずつつくる。しかし、それらをどう重ねればよいのかわからないらしい。しばらく試行錯誤した後、三つの箱のまま保育者のところに持ってくる）

保育者　（一段だけ重ねてみせながら）「ここ、コウヤッテ、セロテープ」

ゆうき　（黙ってみているだけで、手を出さない）

保育者　（箱を大きいほうから指差して）「ははは、お父さん、お兄さん」

ゆうき　（箱を大中小と重ねて貼り、保育者に見せに来て）「できた！」

〈段々に箱を積み重ねる〉というイメージが理解できないとき、保育者がその事態を「お父さん、お兄さん」と喩えてやると、ゆうきは箱をおく位置関係をいっきょに把握できたのです。このような類推による喩え的な思考は、子どもが未知の事態に出会ったとき、それと類似した具体的な経験やイメージに重ね合わせて理解するといった類推的な思考を促すことになります。上例のように、この類推を促すような比喩的表現を用いることによって、子どもは事態を直感的に把握できたのです。このような保育者によることばかけは、子ども自身が自発的に既知のことがらに喩えて類推的に理解しようとすることばの育ちを促していくように思います。

これらのことをみると、保育の場において、もっとそのような比喩的なことばかけの意味が見直されてよいように思います。

6 まとめに

幼児の言語教育を考えるとき、ことばの構造と機能という二側面の育ちに考慮しなければならないと思います。構造面の育ちとは、子どもがことばの仕組み（構造）に気づいていくことです。ことば自体の仕組みを知っていくことは、ことばを道具として自覚的に使いこなしていくための大切な条件の一つとなります。それは話す・聞くことばだけでなく、やがてことばを使って考える分析的な思考の基礎ともなってきます。保育のなかで、ことば遊びも含めて、そのような気づきを促すことばの環境や言語教育も必要になってくるでしょう。

しかし他方では、子どもが実際の場面においてことばをいかに効果的に使うかといった、ことばの機能（働き）面の育ちが問題になります。ことばを効果的に運用するには、ことばの仕組みを知るだけでは十分ではありません。実際のコミュニケーションでは、発話に伴う文脈ということを考慮する必要があるからです。子どもは、文脈のなかでことばをいかに効果的に使うかということを学ばねばならないのです。

そのようなことばの運用面を考えるとき、その一つに喩えて発話するという表現があります。この喩え表現は、文字通りの表現では伝えにくいことがらのイメージをいかにことばで効果的に伝えるかです。このような比喩表現の学びは、やがて喩えてものごとを考えてみるといった類推的な思考の機能も担うようになってきます。その意味では、保育ではもっと比喩的なことばの教育にも配慮がなされてよいように思います。それこそ、「たとえていうと～のようだ」のように、喩えて表現してみるといった遊びの工夫や、喩えて考えさせてみる保育者のことばかけの意義も見直される必要があるでしょう。

本章では〈ことば遊び〉と〈比喩表現〉をとりあげましたが、ことばの構造と機能面の両方へ配慮したことばの教育が、幼児のたしかな言語力を培っていくには必要になってくるように思います。それが、自分の生活や体験を共有しない相手にわかるようにしっかり話す（語る）力、相手のことばをしっかり聞いて理解する力、さらにことばで考えていく力を育んでいくことになるのではないでしょうか。さらには、つぎの読み書きことばの世界をつくっていく確かな下地にもなるのではないでしょうか。

最後にもう一つ述べておかねばならないことがあります。そもそも、ことばとは、〈何か〉を〈誰か〉に向かって表現するために生み出されてくるものです。したがって、ことばの教育には、保育のなかで、ことばでやりとりする保育者や仲間との人間関係をつくっていくことや、ことばで表現したくなる豊かな体験をさせていくことが必要条件として求められます。さらにずっと遡れば、ことば出現以前の豊かな身体・感覚運動的、情緒的な体験、他者との愛着関係の形成こそが、豊かなことばを育む土台となってくるのです。その意味では、そこからすでにことばの教育はスタートしているのです。このことは、幼児のことばの教育を考えるとき、忘れてはならないことです。

■参考文献

岩田純一　一九八七　絵本における比喩表現の実態　金沢大学教育学部紀要　教育科学編　第36号、35-51.

岩田純一　一九八八　補稿「比喩ル」の心――比喩の発達の観点から　山梨正明（著）比喩と理解　東京大学出版会、pp.161-180.

岩田純一　一九九〇　比喩理解の発達　芳賀　純・子安増生（編）メタファーの心理学　誠信書房

岩田純一　一九九二　メタファーの獲得　言語　21巻、4号、52-57.

岩田純一　一九九四　乳幼児のメタファー　京都教育大学紀要、85, 29-41.

岩田純一　一九九八　〈わたし〉の世界の成り立ち　金子書房
岩田純一　二〇〇二　乳幼児の発達とメタファー　言語　31巻、7号、40-46.
岩田純一　二〇〇七　シンポジウム　認知言語学と言語教育　認知の発達と言語教育　日本認知言語学会論文集第7巻、pp.573-580.
岩田純一　二〇一四　子どもの友だちづくりの世界――個の育ち・協同のめばえ・保育者のかかわり　金子書房
Marjanovic-Shane, A. 1989 'You are a pig': For real or just pretend? Different orientation in play and metaphor. *Play & Culture*, 2, 225-234.
村石昭三（指導）ことば遊び研究会（編）一九七三　ことば遊び指導書　すずき出版
中村　明　一九七七　比喩表現辞典　角川書店
大西亜由美　二〇〇〇　保育場面における乳幼児と保育士の言語活動――比喩的表現及び擬音語・擬態語について　平成十二年度京都教育大学卒業論文
谷川俊太郎（詩）・瀬川康男（絵）一九七三　ことばあそびうた　福音館書店
谷川俊太郎（作）・和田　誠（絵）一九七九　これはのみのぴこ　サンリード
内田伸子・鈴木孝子　一九九〇「ことばの獲得に関する領域」の重要事項　無藤　隆・高杉自子（編）保育内容　言葉　ミネルヴァ書房
和田　誠　一九八一　ことばのこばこ　すばる書房

7章

保育とエピソード記録

1 はじめに

保育者になる資質や条件は何かと問われることがあります。もちろん、まず子どもと一緒にかかわるのが好きであるといったことが前提条件となるでしょう。くわえて、子どもの身になり、子どもの立場に寄り添うことができるといった、子どもと共感的に一体化する力が重要となってくるでしょう。しかし、それだけでは専門職としての保育者には不十分なように思われます。それでは、さらに保育者には何が求められるのでしょうか。

たしかに保育においては、子どもの心に寄り添う、子どもと情動的に一体化する共感力が大切になります。それは子どもとの心の距離をかぎりなくゼロに近づける能力ともいえます。しかし他方においては、それと対照的な能力をもつことが保育者には同時に求められるように思われます。それは、子どもから距離をとって、子どもを客体的・分析的にみる（まなざす）保育の力です。その保育の力は、何も子どもに対してだけでなく、同時に保育する自らを客観的・分析的にながめる力を意味します。このような力こそ、保育者に〈感覚的・直感的な保育〉から〈考える保育〉への道を開くものだと思います。

このように考えると、保育者には、一方では距離をゼロ化して子どもに共感的に一体化してみる、他方では距離をとって子どもや自らの保育を客体的にみるといった、一見矛盾するような、まさにアクロバティックな姿勢が求められるように思えます。つまり、自らの保育へ没入してしまうだけではなく、一方で距離をとって子どもの育ちや自らの保育を省みるといった、子どもへの熱い心と冷静なまなざしという一見相反するような姿勢や技が求められるのです。この二つの力こそが、子どもに寄り添いながらも、見通しをもった自らの創造的な保育を生み出していくのではないでしょうか。

一般的に保育者は、目の前の子どもに共感してみることは割と得意であるように思います。しかし同時に、保育者はもう一つの子どもを見る目をもたなければならないのです。すなわち目の前の子どもを近視眼的にみるだけでなく、距離をとって対象的、分析的にながめるといったまなざしです。しかし後者は、現場の保育者が案外苦手とするところではないでしょうか。これは、目下の子どもに寄り添うだけでなく、他方で分析的に子どもや、自らの保育をながめる力です。

それでは保育者が苦手とする後者のような力を養うにはどうしたらよいのでしょうか。保育の現場において、そのような力を養うのに有効となる一つの方法があります。それは、保育における子どものエピソード記録をとってみることです。エピソード記録をとるという行為自体が、すでに一定の距離をとって、そこに登場する子どもや自らの保育を俯瞰的にながめることを可能にするからです。

2 保育という行為

近年、保育の場においてエピソード記録をとることの意義が指摘されるようになってきました。それは、子どもの発達の理解や、自らの保育技能を磨いていくのに役立つ方法としても薦められています。園内研修において、職員間でそれぞれの保育のエピソードを検討し合いながら、相互の保育を振り返り、保育の力量を磨き合うといった試みをする園も多くみられるようになってきました。

しかしながら、最初、まず何をエピソードとしてとればよいか、どのようにエピソードを書けばよいかといった保育者からの質問やとまどいの声をしばしば耳にすることがあります。まして や、エピソードをどのように日常の保育に活かすのかといった課題で立ち止まっている保育者はさらに多いと思います。

そこで、保育のエピソード記録とは何かといったことから始めて、エピソード記録をどのように子どもの理解や、自らの保育技能を深めていく手立てとしていくかといったことを考える緒《いとぐち》を提供してみたいと思います。

まず、エピソードが生成する保育の場をみてみましょう。〈みる〉→〈する〉→〈なる〉という図式は、保育というものを構成する最小の単位として取り出したものです。実際の保育行為は〈みる〉→〈する〉→〈なる〉⇒〈みる〉→〈する〉→〈なる〉⇒……と連続して展開されていくことになります。保育の場は、基本的にはこのような連続から成り立っているのです。それでは、これらの〈みる〉〈する〉〈なる〉がどのようなことかを簡単にながめてみましょう。

(1) 子どもを〈みる〉

保育とは、保育者が目の前で起こっている子どもたちの言動を〈みる〉ということから出発します。その〈みる〉は、保育者が子どもの行動や表情をみる、子どもの言葉を聴くといったことなどから始まります。その際、たんに子どもの言動をみているのではなく、保育者は〈その子どもはどんな気持ちなのか、どんなつもりでそのように行動したのか、どうしてそんなふうに話したのであろうか〉など、瞬時のうちに子どもの言動の内面的・心理的な意味を読み取る、汲み取るといった了解的な行為を無意識にしているのです。

その意味で、〈みる〉ことは保育の重要な出発点となり、そこで子どもの心を共感的に読み取る、汲み取る、理解することの大切さが求められるのです。

この〈みる〉は、顕微鏡下での対象を観察するかのような一方向的な行為ではないのです。子どもは、モノのような対象ではなく、保育者と同じように、うれしい悲しいという感情や、自分なりの考えや思い、意欲や意志といった心をもった主体的な対象なのです。また、子どものほうも保育者をそのように〈みる〉存在なのです。すなわち、子どものほうも同じように保育者の思いを読み取ろうとする存在なのです。子どものほうも保育者の気持ちを読み取りながら応答していく主体なのです。

エピソードは、そのような主体と主体が相互に影響をし合う場のなかで生まれてくるといえます。したがって、保育の場で子どもがみせる姿は、保育者の〈みる〉とは独立・無関係でありえないのです。だからこそ、保育者が目の前にいると、保育者の期待に沿うようにいい子を演じようとする、わざと保育者の注意や関心をひこうとするような言動をとる、保育者によって態度を変えるといった子どもの姿となってもみられるのです。

(2) 保育を〈する〉

保育者による〈みる〉は、つぎの保育を〈する〉へとつながっていきます。いかに保育者が子どもの言動からその内面の状態や動きを読み取る・汲み取るかが、子どもへの働きかけの仕方を決めていくことになるからです。保育者の〈する〉は、子どもへの指示や示範的な行動だけでなく、励まし、ときに叱ったり怖い顔をしてみせたりするといったさまざまな具体的働きかけとなって現れます。また、あえて何もしないで黙って見守っているといった、一見ゼロにみえる働きかけも大切な保育者の〈する〉に含まれるのです。もちろん、実際の保育のなかでは、保育者が子どもの言動を見逃したままでの〈する〉もしばしばみられます。これは保育者の〈みる〉を欠いた、または〈みる〉が不十分なままでの子どもへの〈する〉という状況ですが、当然、その多くは、子どもにとってトンチンカンな保育者の〈する〉に終わってしまうことは必至です。その結果、保育者によるトンチンカンないざこざの仲裁、子どもへのトンチンカンなかみ合わない応答などが生じてしまうのです。

なお〈みる〉〈する〉に分けたにもかかわらず、先の図式においてはそれらが同じ括弧内にあります。それは、両者が、じつは分かち難い一体的な関係にあることを示すためです。〈みる〉なかに、すでに保育〈する〉の一部が浸透しているように思えるからです。保育者が子どもを〈みる〉ために子どもに向き合う表情、態度・姿勢といった振る舞いのなかに、すでにつぎの子どもへの〈する〉の一部が浸透して含み込まれているように思います。

(3) 子どもが〈なる〉

保育者からの〈みる〉〈する〉という働きかけを受けて、子どもから何らかの応答(反応)が返ってきます。それには、従順な応答であったり、反抗的な言動がかえってきたり、積極的な応答がなかったり、ときに無視されたり……とさまざまな応答がみられます。これらが、応答的な変化としての子どもからの〈なる〉なのです。

保育者はそのような子どもからの〈なる〉姿を、自らの〈みる〉〈する〉へのフィードバックとしてふたたび〈みる〉ことになり、さらにつぎの〈する〉がなされていくことになります。その結果、子どもからさらに〈なる〉がもたらされる……というような絶え間ない循環的な保育行為の連鎖が生起するのです。

この日々の循環的な連鎖の積み重ねが、結果として子どもの育ちの変化、すなわち〈なってくる＝成長〉過程に大きな影響を与えていくことになります。より時間的に長い視点からみると、保育における〈みる〉〈する〉〈なる〉の積み重ねが、子どもの育ち〈なってくる〉の姿に重要な影響を与えていくのです。よく、保育者の見方〈みる〉が変わればかかわり方〈する〉が変わってくる、かかわり方〈する〉が変われば子どもの姿〈なってくる〉も変わってくるといわれるのは、まさにこのような循環的な保育構造のなかで生じてくることなのです。以上述べてきたことは、保育者を親に置き換えた家庭での保育についてもいえるでしょう。

3 エピソードの記録とは

エピソード記録は、保育中の心に留まった出来事の記憶をつなぎとめる行為です。その際、保育者がとくに印象に残るとか、保育者が興味・関心を抱いた保育中の出来事が一つのエピソードとして切り取られます。一般的に、保育が終わったあと保育者は印象に残る出来事を思い出しつつ、そこでの子どもたちの姿や保育者とのやりとりなどを書いていくのです。したがってエピソード記録では、一区切りの出来事が回想的に過去形で記述されます。それら回想の際の補助として、保育中にメモ書きするとか、ときに正確を期するためにICレコーダーに録音したり、ビデオ録画しておくといった方法も使われたりします。

エピソードの記録には、出来事の経過が一般的に、〈こんなことが起こり、そこで子どもはどうしたのか、その際に保育者はどのように働きかけたのか、それで子どもがどのようになったのか〉と因果・時系列的に描かれます。

それでは、保育エピソードを記録するということは、保育者にとってどのような行為なのでしょうか。それは、〈みる〉→〈する〉→〈なる〉……という保育の連続のなかで、保育者が心に留まった出来事を記憶につなぎとめる行為です。これはのちにそれらを振り返り〈ミル〉ということを可能にします。

上記に〈ミル〉とカタカナで表記されていることにお気づきでしょうか。保育中の出来事における〈みる〉→〈する〉→〈なる〉…をエピソードとして記録することは、すでに保育のなかの出来事を振り返って対象的、鳥瞰的にみるという行為です。この〈ミル〉という表記は、そのように出来事をエピソードの記録として省《かえ》りみるというメタ的な行為を表現するためです。

それでは、保育者がエピソードを振り返り〈ミル〉ことの意義は何でしょうか。保育者が保育中のエピソードを回想的に記録することは、結果的に、自分の保育や子どもの姿を振り返り対象化してながめる作業になります。出来事をエピソード記録として振り返ってミルときはじめて、保育中には気づかなかった（みえていなかった）子どもの気持ちや行為の意図にしばしば気づかされ、「ああそうだったのか、もしそうだとすると、あのときはどうも的外れな働きかけをしてしまったのではないか」「あのときは、ああすればよかった、こうすればよかったのではないか」と、もっと別の〈みる〉〈する〉の可能性に気づかされ、自らの保育実践の妥当性や適切さを見直し、反省するきっかけになるのです。

このような振り返りは、保育者にとって、つぎの保育展開への新たな見通しと予想を立てるとか、子どもへの環境の設定や援助の仕方を見直していく重要な手がかりにもなるのです。その意味で、保育者が保育のエピソード記録をとることは、子どもの理解を深め、自らの保育実践や技能を磨いていくうえで大切な手立ての一つとなるように思います。エピソード記録をとる目的や意義の一端もそこにあるのではないでしょうか。

(1) 何をどのように記録するのか

それでは、保育実践のなかでどのような出来事が保育者にとってエピソードとして切り取られて記録されるのでしょうか。それは保育中に出会った、おもしろいと感じられ印象に強く残るような出来事であるとか、かねてから保育者が問題意識や関心をもっているテーマに関してなどです。また園をあげた実践研究のテーマにそってエピソード記録が収集されることもあります。たとえば、子ども同士のいざこざとか遊びなどにテーマを絞って、それに関連するエピソード記録が収集され、そこから遊びやいざこざの実態の分析、その発達的な変化を分析するというものもあります。筆者も保育の現場において、いざこざ、お家ごっこ遊び、食育などといったテーマで子どものエピソード記録による実践研究の指導や助言をしてきました(岩田、二〇〇一)。

さらに事例研究として、クラスのなかのちょっと気になる特定の子どもに関するエピソードを継時的に記録し、育ちの経過を、その育ちに変化をもたらす契機となった出来事などと絡めて因果・時系列的に分析してみるといったこともなされます。なかには、意図的な支援仮説と方法のもとに子どもへ働きかけ、それに伴う子どもの育ちの変化過程をエピソード記録としてとり、それを分析していくといった臨床的な実践研究もみられます。

それでは、エピソードはどのように書かれるのでしょうか。一般的なエピソードの記録には、まずどんなことが起こり、そこで子どもはどうしたのか、保育者はそこでの子どもの言動から、子どもの心や行動の意味をどのように読み取ったか、そして保育者はいかに働きかけたのか、それで子どもがどのようになったか、そのときの子どもの様子や反応を保育者はどのように受け取り、さらに子どもへいかにかかわっていったのか……といったように、出来事を因果・時系列的に記述することになります。保育者による子どもの言動の読み取りや、保育者の願いや保育の意図などを織り交ぜながら、出来事（一連の事実）の展開が因果的に意味づけられ、ストーリーとして物語られるのです（岩田、二〇一一）。

ここで、まずエピソード記録の例をあげてみましょう。そして、そのエピソード記述の構造的な流れが図式的にまとめられていますのでみてみましょう（河邊、二〇〇九）。

【事例】

かすみは私が気づいたときにはすでにお面をつくって犬ごっこをしているなおきの仲間になっていた。おもしろそうな遊びに次々入っていきかすみらしい。なおきは昨日まで一緒に遊んでいた男児が空き箱製作をはじめたので①一人で犬ごっこをしていたが、②一人ではおもしろくなかったのだろう。③遊びが見つからないときによくするような④追いかけっこをはじめた。⑤なおきが何かになりきって遊ぶことはめずらしいこと、⑥自分の思いを役割にのせて表現するよい機会なのでこのままただの追いかけっこに終わらせたくなかった。そこで追いかけられ役だった⑦カラスごっこの友だちにごちそうを作ってなおきに渡すことを提案した。⑧なおきは届けられたごちそうを食べるまねをしたり、犬小屋に見立てたダンボールの中にしまったりして、かすみと遊ぶことができた。⑨かすみが明日もこの遊びを続けることができればなおきのイメージも持続するだろう。

この例をみても、エピソードの記録とは、決して出来事における一連の客観的な事実のたんなる時系列的な列挙ではないのです。保育者は「なおき」が追いかけっこを始めたとき、遊びがおもしろくないとき友だちを追いかけるといった日常の事実にもとづいて、その行動の意味を〈一人ではおもしろくなかったのだろう〉と読み取り、「なおき」がなりきって遊ぶことが少ないといった普段の様子から、〈ただの追いかけっこに終わらせたくない〉〈なりきるおもしろさを感じてほしい〉という願いのもとに〈カラスごっこの子どもにごちそうづくりをする〉といった保育者からの働きかけがなされます。それを受けて「なおき」がごっこ遊びを「かすみ」との間ではじめ……、そして最後は保育者の「こうしたい、ああしてみよう」などと、つぎの保育への見通しを立て展開を予想するといったように、一連の事実の経過を因果解釈的に語ることによって、このエピソード記録は成り立っています（図7-1）。

実際のエピソード記録には、このように一連の事実の展開を、そこでの子どもの言動の意味づけや解釈、子どもへの保育者の願いや思い、それに基づく働きかけなどを交えながら叙述していく仕方もあるし、まず時系列的な事実の羅列がなされ、それと平行して横の欄に「読み取り」や「思い」「考察」といった解釈が記述されるといった形態もみられます。このように、さまざまなエピソード記録の形態がみられますが、いずれの形態をとるかは、保育者にとっての書きやすさ、記録としての見やすさ、のちの活用のしやすさで選択されるべきです。ただし、どのような書き方の形態であろうと、エピソード記録が取られた日時、その状況や前後の文脈、そこに登場する子どものクラス年齢（可能なら月齢ま

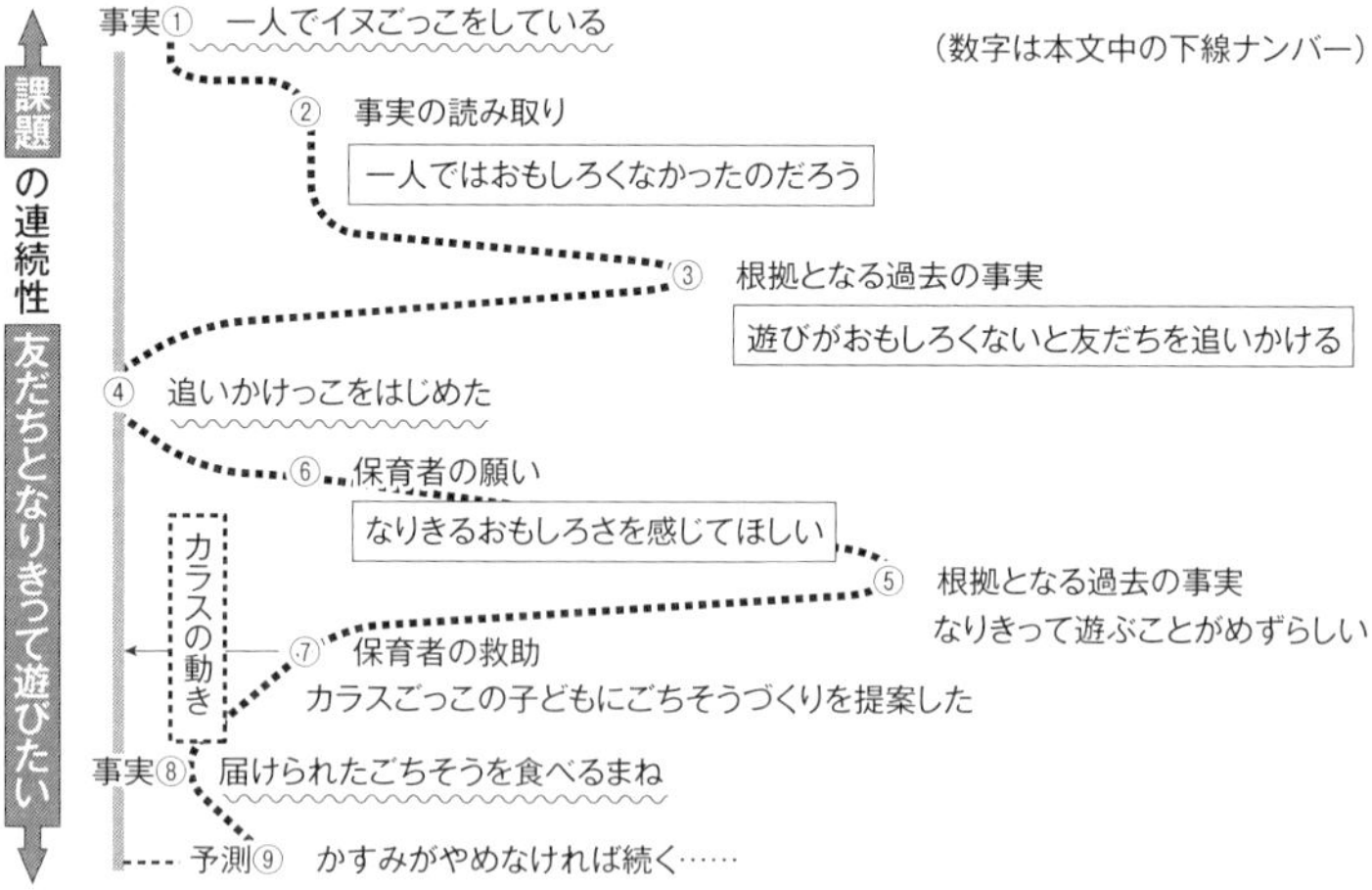

図７－１　事実と事実の間の記述（河邊，2009，pp.84-110）

で）や性、さらに性格や日頃の園での行動特徴や様子などの背景が情報として添えて記述されてあるとより望ましいように思います。担任だから、日頃の様子などわかっていることは、自分のためのエピソード記録には記す必要がないと思われるかもしれません。しかし、このような記録の習慣は、保育者がその出来事を子どもの生活の線や面として位置づけてとらえ考えてみるといった態度や姿勢をもつのに役立つことになります。さらに、自分のエピソード記録を他者にもみてもらうとき、他者にとっても貴重な付加情報ともなるのです。

このように、エピソードとして記録されるものは、ある出来事のなかで起こった事実の継起が保育者の目（主観）を通して因果的な意味づけを受け解釈されて語られたものです。すなわち、エピソード記録に書かれることは、たんなる事実の時系列的な列挙ではなく、事実と事実を因果的に関連づけていく保育者の主観（読み取りや願い・思い・考察）によってなのです。たとえば、「子どもが、自発的に遊具を取ってくれと指さして要求した」という一見すると客観的に思えるエピソードのなかの記述を考えてみましょう。そこでも子どもの行動は、すでに〈要求した〉ととらえる保育者の主観によって解釈・意味づけされているのです。「自発的に」ととらえられている行為の主観的な記述もそうでしょう。もしも、行動だけを客観的に記述すれば〈遊具をみた、保育者をみた、遊具を指さした〉という行為の羅列になりますが、それら一連の時系列的行動が「子どもが、自発的に遊具を取ってくれと要求した」と主観を織り交ぜて因果的に了解され語られるのです（藤崎、二〇一三）。このように、あるエピソードは保育者による主観的な意味づけや了解によってはじめて記録として紡がれることになるのです（岩田、二〇一一）。

繰り返しますが、エピソードの記録（叙述）はたんなる事実の契機の列挙ではありません。エピソード記録とは、ある出来事のなかで起こった事実が保育者の目（主観）を通して因果的に意味づけられ解釈されて語られた出来事なのです。保育者による意味づけや解釈（読み取り、汲み取り）を通して、はじめて、その出来事が保育にとって意味あるものになるとも言えます。したがって、たとえ客観的ではあっても、たんに出来事の事実の羅列を記録しただけでは、そのような記録は保育者の実践にとってほとんど意味をなさないものになってしまうでしょう。ちなみに先の事例でも、「一人でイヌごっこをしていた」「追いかけっこをはじめた」「そこでカラスごっこの子どもにごちそうづくりを提案した」「なおきは届けられたごちそうを食べるまねをしたり、ダンボールのなかにしまったりして、かすみと遊んだ」のように事実だけを羅列・列挙されたとしても、それは保育者の子どもの理解を深めることや、つぎの保育実践に役立つことはほとんどないでしょう。

(2) 主観的なエピソード記録

心理学的な記憶の研究によると、長期に貯蔵される記憶の構造や形態には大きく三つのタイプがあるといわれます。それらは意味記憶(一般記憶)、手続き的記憶、そしてエピソード記憶と呼ばれるものです。意味記憶とは、「日本の首都は東京である」「水は酸素と水素からなる」「犬は哺乳類の一種である」……といった一般的な知識や概念となっている命題的な記憶です。手続き的記憶とは、問題の解決や運動技能に関する手続きの記憶のことであり、たとえば分数同士の割算のときや、自動車を運転するときに、「こうして、それからこうして、つぎにこうする」といった、一連の手続き(手順)の記憶のことを指します。最後のエピソード記憶とは、「昨日の昼食時に、誰と会って一緒に何を食べ、そのときにどんなことで話が盛りあがったか……」といった、自己の出来事の私的な記憶のことです。それらのなかで、エピソード記憶だけが特異な特性をもっています。それは、エピソード記憶が私的な自己の体験記憶であり、自己のパースペクティブ(視点)をもった記憶だということです。前者二つは公共の記憶ですが、エピソード記憶だけは自己を原点とする私的な体験の記憶なのです。

同様のことが、まさに回顧的なエピソードの記録にもあてはまります。われわれは目の前の光景(出来事)をみるとき、それを全方位から同時にみられるわけではなく、ある視点(位置どり)に立ってしかみることができません。ある視点から切り取ったものごとだけを体験しているのです。それは、たんに出来事をみる物理的な視座だけが問題になるに留まりません。ある心理的な立ち位置、すなわち保育者がもつ「ある視点（関心や興味、子どもへの思いや願い・期待、子ども観、過去の保育経験など」という視座から、出来事がエピソード記録として切り取られ、意味づけられ、構成されるからです。

エピソード記録は、そのような保育者の主観（心理的な視点）に立って、事実の継起が因果系列的に意味づけられたものです。保育者の視点による、そのような意味づけや解釈（主観）を通して、その出来事が始めて意味あるものになるのです。心理学者ブルーナー（一九九九）にならえば、エピソードの記録は、出来事を意味づけていく、意味を紡ぎだしていく行為（acts of meaning）そのものなのです（岩田、二〇一一）。

だからこそ、たとえ同じ出来事をみても、保育者や研究者の主観の違いによって物語られるエピソードの記録は異なってもくるのです。VTRに録画した保育場面を複数の保育者にみせても、保育者が何に関心をもっているか、またその保育観や子ども観などによって出来事をエピソードとしてどのように語り、そこから何を読み取り・汲み取るかは微妙に、ときには大きく異なってくることになります。出来事を〈みる〉側の視点（主観）の差異がそのような違いを生むことになるのです。同じ映画であっても、最初にみたときと年を経たあとでは、その意味づけや受け取り方が違ってくることはわれわれでもしばしば経験するところです。それは、それをみる際の主観的な枠組み（経験や知識など）が時間的にも変化してくるからなのです。

このようにエピソード記録は、保育者の主観をくぐってしか語りえないものです。主観によってしか語りえないゆえに多様な読み取りに開かれており、絶対的に正しいとか間違いといった正誤はなく、その意味づけや解釈の妥当性といった基準から評価されることになります。そして、その読み取りがより妥当なものであったか否かは、自らの保育のなかで評価されることになるのです。

4 保育に活かす

エピソード記録が主観にもとづくゆえの問題点も浮かび上がってきます。主観に頼らざるをえないゆえに、保育者の思い込みや思い入れが強過ぎると、いつの間にか、自分がみたいと思っていることだけがみえ、みたいと思っていることがそのようにみえてくるし、聞きたいと思っていることのみが都合よく聞こえてくることにもなります。その結果、恣意的で都合よい意味づけや解釈がなされる危険性があります。たとえば、ある子どもを乱暴な子どもだと思ってみていると、極端にいうと、その言動がすべてそのように読み取れてくるのです。それでは、主観が事実によりそって働くのではなく、主観（思い込みや強い期待など）によって都合よく知覚する内容を恣意的に歪めてしまうことになります。ときに保育経験を積むほど、逆説的に子どもを固定した思い込み（硬直した視点）でみてしまうことになるという危うさも経験するところです。このことは、偏見やステロタイプなものの見方に関する心理学的な研究でも明らかにされていることです。これでは、せっかくのエピソードを記録することが、必ずしも子どものの理解を深め、自らの保育実践を磨いていく手立てとなっていかないことになります。このことは、主観からものごとをとらえるエピソード記録が抱える宿命でもありますし、よく主観的であることは科学的ではないと評価されるゆえんにもなるのです。

しかしながら、保育者のエピソード記録における意味づけや解釈とは、決して勝手気ままに恣意的になされているわけではありません。読み取りの深さに違いはあるとしても、保育者は日頃の子どもの行動や性格の把握、出来事が生じた前後の状況の理解、子どもの表情やしぐさ、ことば……といったさまざまな文脈情報にもとづきながら子どもをみるなかで、その状況においてより妥当と思える読み取りや意味づけ・解釈を、その都度、瞬時のうちに試みているからです。

しかし、たとえそうは言っても、やはり先述したように、ともすると独りよがりで、ステロタイプ的な意味づけや解釈に陥りやすいという危険性をたえず孕んでいることもまた確かです。

いったんある仕方によって意味づけ・了解したものを異なる視点から見直すことはなかなか難しいことも確かです。

(1) エピソードとの対話

保育者が独りよがりにならないためにはどうすればいいのでしょうか。それには、保育者が自らのエピソード記録を振り返り「ああではないか、こうではなかったか？　こうすればよかったのではないか？　そうすれば子どもはもっとちがっていたのではないか？」と、想像たくましく多様な視点から、エピソード記録における自らの読み取りの妥当性や、そこでの保育の適切性を問いかけるといった自己内での対話をたえず試みていく必要があるのではないでしょうか。それは、アレやコレやと多角的に自らのエピソードの意味づけをもう一度ながめてみるという作業です。それには、それまでの見方を一度壊してみるといった苦しい作業を伴うことにもなります。エピソード記録をまとめている最中にも、保育中には気づかなかったことに気づかされ、そこでの子ども理解や自らの保育を振り返る契機になることはいうまでもありません。しかし、エピソード記録をもとに、上述のような自己内での対話がなされるとき、そこからより多くの気づきがなされ、子どもを〈みる〉目、子どもに必要な保育を〈する〉力を保育者に育てるさらなる契機となるように思います。

しかしながら、このような自己内で対話（見直し作業）をしていくのはなかなか孤独で難しい作業にもなります。また、そのような見直しの時間的な余裕をとること自体が難しいかもしれません。もしあっても、一人ではいつの間にか堂々めぐりや、自分だけの納得的な見方のままに終わり、自らのエピソード記録を別の違った視点からみてみることはどうしてもなかなか難しい作業になります。

（2）多様な目を借りる

そのような難しい作業を助ける一つの方法があります。それは、自己内での対話だけでなく、自分以外の多くの多様な他者の目や声を借りることです。自分と異なる視点をもつ他者の複眼的な目を借りてエピソードを振り返り〈ミル〉ことです。具体的にいえば、自身のエピソード記録をめぐって多くの他者と対話の機会をもつことです。たとえば園内研修会で、エピソード記録を検討し合う場（ケースカンファレンス）を通して、仲間の目を借りて自分のエピソード記録を見直し検討するとか、保育の実践研究集会などで、ほかの園の保育者から質問や批評的なコメントをもらうといった機会をもつことです。それは、担任と違う目から子どもの姿を見取り、伝え合うということです。

自分と違う他者の目をくぐらせることは、ときに自分でどうしても気づかなかったエピソード記録の新たな意味づけの可能性に気づかされるとか、子どもの言動の新たな意味づけ方に気づかされ、別の保育の可能性もあったことに思いめぐらせる有効な手立てにもなります。複数の他者の目を借りて、自分ではなかなかとれなかった今までと異なる新たな視点からエピソードの意味づけを見直すことが可能になるからです。その結果、自分とは違う〈みる〉や〈する〉の可能性に気づかされ、アレやコレやと柔軟な見方に開かれ、多様な視点からの保育的対応の可能性や保育の選択肢を考える途を効果的に開いていくことにもなるのです。そのような交流的な対話は、逆にエピソード記録への自己内での対話力を深めていくことにもつながるように思います。エピソードをめぐる他者との豊かな交流的な対話が、ひいてはエピソード記録に向き合ってアレやコレやと自ら考えてみるモデルとなり、自己内の対話を豊かなものにしていく体験として活かせることになるからです。すなわち、エピソード記録をめぐる自己内の対話の質を深めていく……といった循環回路を形成していくことになるのです。

そのことを考える材料として、ある保育者による「ユウちゃんの靴はいていいよ」というタイトルのエピソード記録をみてみましょう。少し長いエピソードなので、そのエピソード記録（中野、一九九二）の概要を、本質的な部分を損なわないように紹介します。

◇二歳前後の子どもたちの玄関先での出来事である。散歩に出かけようとして、靴を探しているとと、ショウマ（二歳）が自分の靴が濡れているのに気がつき、「ショウマの靴ベチャベチャ」と困った様子で訴えに来たので、保母は誰かの靴を借りようかと提案する。保母が靴箱を探しているとユウ（二歳三か月）の靴がもう一足あるのに気がつき、「ユウちゃん、ショウマちゃんの靴が濡れているのでユウちゃんのこの靴貸してくれない」とユウに聞くと「イヤー、ユウチャンノ　クツ」と言って怒りだす。それで靴箱から取り出した靴をユウにわたすと、ショウマは無理やりユウからその靴を取ろうとして引っ張り合いになる。保母が「ショウマ君、ちょっと待って、先生がユウちゃんに頼んでみるからね」と言い聞かせると靴から手を離す。しかし、「イヤー、ユウチャンノクツ」と拒否する。それを聞いたショウマは、靴を取ろうとして実力行使に出てしまう。保母は、もう一度「ショウマの靴が濡れていてお散歩にいけないので、靴を一つ貸してくれない？」と頼むがユウは「ダメー、ユウチャンノクツ」とますます自分の所有物であることに固執する。

「これ貸してあげて、どうなの」という迫り方では、どうしても〈貸してあげて↔ダメ〉の押し問答になることに気づき、保母は「こっちの靴か、こっちの靴か、どっちか貸してくれない？」と選択的な迫り方をすると、ユウは「コッチ」と、ついのせられて答える。そうは答えたものの、貸す段になると、「ダメェー、ダメェー」とわめきだす。これ以上無理だと感じた保母は「ユウちゃんダメなんだって。どうする？」と、ショウマにユウから借りられないことを話し、つぎの見通しをもてるように働きかける。ショウマの不満な顔と様子をみて、保育者はほかに履ける靴を探そうということになり、長靴をみつける。八月で少し蒸れるけど、「長靴でいい?」とショウマに聞くと、しぶしぶながらもショウマが納得し、そこで保母は「じゃあ、長靴はいて散歩に行こうか」と誘うことになる。ところが予期せぬことに、このやりとりを聞いていたユウが急に態度を変えて、ユウチャンノクツ　ハイテイイヨ」と一方の靴をショウマにわたしたのである。それに対して保育者はうれしくなって、「ショウマくん、ユウちゃんが靴貸してくれるんだってよかったね」と思わず声を弾ませて言う。……

そしてエピソードの最後には、「あんなに自分の靴に固執していたのに。自分の欲求を認め受け止めてくれたという満たされた気持ちの余裕が、この相手を受け入れ、譲るというユウの気持ちの切り替えを生み出したのではないでしょうか。ユウを追いつめなくてよかったと改めて思いました」と述べられている。

この保育者は、それまでかたくなに拒否していたにもかかわらずショウマに貸したユウの行動を、〈貸したくないという自分の気持ちを受け入れ認めてくれた満足の気持ちの余裕からなのであろう〉と読み取って語っています。たしかにそうであるかもしれませんが、このエピソード記録を読んでみたとき、筆者の目には、ユウの行動に対してもっと異なる視点からの読み取り方も提案できるように思います。もし筆者なら、この保育者に対して、つぎのような別の読み取りの可能性をコメントしたいと思います。

この状況は、ユウの靴をショウマに貸してあげるかどうかをめぐって「貸してあげて」⇕「イヤ、ダメ」と、保母とユウのやりとり（押し問答）が中心になっています。ここではユウが場の中心であり、ユウが保育者とのやりとりを占有しています。そのような押し問答の末、ユウがどうしても貸さないということで、あきらめた保育者がショウマに言い聞かせるといった時点で、保育者とのやりとりの中心はユウからショウマに移ってしまうのです。その結果、それまで保育者とのやりとりを独占していたユウは脇に追いやられることになってしまいます。それは、ユウにとって保育者の占有を喪失し、その場における自分の存在感をなくしてしまうことにもなります。そのようなユウの気持ちを考えると、保育者の前であれほど頑なだったユウが、「靴はいていいよ」と一転してショウマに靴を貸す行動は、ふたたび自分がその場における中心的な存在となるためになされたのではないでしょうか。とくに保育者（とのやりとり）を一人占めしたい欲求が強くなるこの時期と考え合わせると、このような意味づけも十分にありえる言動のように思います。

または、もう少し別の見方ができるかもしれません。「貸してあげて」⇕「イヤ」「ダメ」と繰り返す保育者との押し問答は、〈貸すことを求める〉保育者の固執に対する、それを〈拒否すること〉へのユウの固執、すなわち両者の我《が》が対立する場です。相手が貸すことを迫るから、逆に意地でも貸さないといった押し合いです。子どもの自我がしだいに明確になり、かつ所有の意識が強くなってくることが特徴であるこの時期にはよく目にする、大人とのやりとりパターンです。しかし、このエピソードでは、最初に保育者のほうが固執することから降りてしまいます。その結果、子どもにとっては、意地の張り合いゲームのように「イヤ」と押し返す必要はなくなるのです。すなわち、「イヤ」「ダメ」と押し返す相手がなくなってしまうことになります。もはや意地を張る必要はなくなり、それが拍子抜けするように「靴はいていいよ」と自分からショウマにわたすユウの行動を生み出したようにも考えられます。その可能性も多いにありうるし、または上述と前述の二つの心理的なメカニズムが複合的に作用していたのかもしれません。

このエピソード記録を読んだ筆者の目には、一連のショウマの行動に対してこのような別の読み取りの可能性があるようにも思えますが、いかがでしょうか。いずれの読み取りがより妥当であるかは即座に判断することはできないでしょうが。

述べたかったことは、エピソードは、このように記録した保育者自身を超えて、別の読み取りや意味づけ方の可能性に開かれているのです。だからこそ、他者の目を借りることによって、記録者自身が気づかなかった読み取りができることも教えられることになるのです。もし、エピソードをめぐって多様な他者との交流的対話がなされれば、このような新たな〈ミル〉視点に気づかされることにもなります。その意味から、それぞれのエピソード記録が豊かな交流や対話に開かれる場や時間をどのように園内研修のなかに設けていくかということが大切になってくるように思います。

このように自らのエピソード記録をめぐる他者との対話や交流は、保育における自らの〈みる〉や〈する〉の多様な可能性を深めていくことにつながります。また、対話や交流に参加したほかの保育者にとっても、自らの保育実践を振り返る契機となり、それは保育の実践力の向上や、子どもへの豊かな保育につながっていきます。対話的な交流は、そのような互恵的な意義をもちうるように思われます。

5 まとめに

ここまで、エピソード記録とは何か、エピソードとして何が記録されるのか、エピソード記録をとることは保育者にとってどのような意義をもつのか、自らのエピソード記録を保育に活かすにはどうすればよいのか……といったことについて述べてきました。

そうは言っても、はじめて保育者がエピソード記録をとろうとするとき、どのような出来事の何をいかにみるのか、それをエピソードとしてどのように記録していくのかがわからず、しばしば暗中模索の状態を体験します。しかし、それでもよいから、まず自らの保育のなかでおもしろいと感じた、保育者の印象に残るような出来事をエピソードとして記録してみることが最初の一歩となります。最初は拙い記録ではあっても、保育中のエピソードを振り返り〈ミル〉、それに同僚の目を借りてコメントしてもらう、経験が豊かなほかの保育者のエピソード記録にも触れるなかで、しだいに何を、どのようにエピソードとして記録すればよいのかがわかってきますし、うまくもなってきます。また、そのように保育のエピソード記録をとることを習慣化していくなかで、逆に子どもをしっかりと〈みる〉姿勢を深めていくことにもつながります。そのような深まりが、何をどのようにエピソードとして切り取るかといったことが焦点化され、エピソード記録の質を高めていくことになるのです。

また保育者が日々の保育のなかで子どもたちのエピソード記録を時系列的に積み重ねていくことは、目の前の子どもを点としてみるのではなく、時間軸（生活史）のなかで線や面として子どもの言動の意味をとらえていくことを保育者に促すようになると思います。

たしかにエピソードを記録することは、保育者にとっては余分な手間を必要とするでしょう。

しかし、それは保育の姿勢にとって大切になるように思います。自らの保育を振り返ることなしに、自らの保育の進歩はないともいえます。自らの保育は、自らの保育体験を通して学ぶのです。保育者にとって、エピソード記録はその手段として有効な方法なのです。

かつて筆者（岩田、二〇〇一）が編集した本の冒頭（はじめに）に書いた文章の一部をもって本章を終わりたいと思います。

幼児教育は、じつに難しい仕事だと思います。その実践には、いつも待ったなしの瞬時の選択や判断が迫られます。ましてや、そこには一つの絶対的な道（方法や対応）があるわけではないのです。したがって、真摯に考えれば考えるほど「あのときああしておけばよかった、こうしたほうがよかったのでは」「これでよかったのかしら」と、自分の保育実践を振り返って悔やんだり、悩んだりすることの連続です。その意味では、たとえ新たな保育の目標が設定されても、そこに行き着く（尽く）ことのない、これでよいということがない仕事だと言えます。しかしながら、行き着く（尽く）ところがないということは、それを求める必要がないということと同じではありません。保育者には、たえず子どもの内に立って自らの実践を考え、子どもにとってもっともよい実践を模索していこう、自らの実践を子どもの身になって評価していこうとする不断の態度こそが求められているように思います。

そのためにも、まずは自分で保育のエピソード記録をとってみることを試み始めてはいかがでしょうか。

■参考文献

ブルーナー 岡本夏木・仲渡一美・吉村啓子（訳） 一九九九 意味の復権 ミネルヴァ書房 Bruner, J.S. 1990 *Acts of meaning.* Cambridge, MA : Harvard University Press.
藤崎春代 二〇一三 事例の変化をエピソード記録により時系列で検討する方法 臨床発達心理学実践研究 第8巻、34-38.
岩田純一 二〇一一 子ども発達の理解から保育へ ミネルヴァ書房
岩田純一 二〇〇一 はじめに 岩田純一・河嶋喜矩子（編） 新しい幼児教育を学ぶ人のために 世界思想社 p. i
河邊貴子 二〇〇九 子どもを知る 青木久子・間藤侑・河邊貴子 子ども理解とカウンセリングマインド 萌文書林 pp. 84-110.
中野 茂 一九九二 子どもの世界の解釈学 岡本夏木・村井潤一（監修） 発達 No.49, 68-81. 子どもの虐待と家族 ミネルヴァ書房

保育の環境

8章

1 はじめに

子どもの育ちにとって保育環境は重要なものになってきます。保育環境の設定と呼ばれるものです。最終章では、保育の環境ということについて少し考えてみたいと思います。

ところで、「環境」の意味を岩波国語辞典でみますと、「あるものをとりまく、まわりの状況。そのものと何らかの関係をもち、影響を与えるものとして見た外界」と説明されています。保育の環境にあてはまると、「あるもの」というのは子どもたちのことです。そして、子どもをとりまくまわりの状況との関係が、子どもの育ちに影響を与えるということです。ところで、そのような子どもをとりまく環境というと、大きく分けると人的環境や物理的な環境ないし自然環境などがまず頭に思い浮かびます。そこで、まず人的な保育環境について考えてみましょう。

2 人的な環境

子どもにとって大切な人的環境には、子どもをとりまく保育者や仲間の存在があげられます。

保育の場では、もちろん保育者がそれら人的な環境をつくり上げていくのに中心的な役割を果たします。

まず保育者は、子どもとの間に信頼的な関係をつくり、それぞれの子どもにとって心理的な安定や居場所をつくっていくのです。そして、子どもの育ちに相応しい働きかけによって、つぎへの育ちを引き出していきます。その意味で、まず保育者自身が子どもたちにとっての重要な人的環境となるのです。

また保育者は、集団保育のなかで異質な仲間同士の共同的な関係をいかにつくっていくかという、いわゆる集団づくりの主導的な役割を果たすのです。そのような仲間との共同遊びや集団生活におけるやりとりのなかで、子どもは相互にさまざまなことを学んでいくことになります。もちろん自然にまかせておいても、集団のなかで子ども同士の関係は自生的に形成されてくるでしょう。しかし、前著『子どもの友だちづくりの世界』において〈集団の関係づくりが保育の課題の原点である〉と述べたように、子どもたちをつないで協働・協同する仲間としての関係性を形成していくのに、やはり保育者が大きな役割を果たすのです（岩田、二〇一四）。その証拠に、保育者による集団づくりがうまくいかないクラスでは、これが同じ年齢クラスの子どもかとみまがうほど、クラスとしてバラバラでまとまりがなく、落ち着きなく雑然としているのがみられます。保育者は、クラスの仲間をつなぎ、そこに共同的な仲間という関係（対人的な環境）をつくっていく役割をもつ人的環境なのです。

このように人的な環境を構成していく保育者の重要性は、本書のほかの章でも繰り返して述べられていますのでご参照ください。

3 物理的な環境

保育者や仲間との人的な保育環境の質が、子どもの育ちにとって大切になることは、いままでも議論されることが多かったようです。しかし子どもが関係をもつのは、そのような人的な環境だけではありません。子どもは、物理的な園環境のなかで生活しています。そこにおける保育空間の配置、保育の場における保育者の位置取りといった物理的な環境が、じつは子どもの行動や育ちに存外に大きな影響を与えることになるのです。また、そのことが人的環境の形成にさえ影響を及ぼしてくることにもなります。

以前の拙著（岩田、二〇〇五）で述べたエピソードなどを参照しながら、このような物理的な環境のもつ意味について考えてみたいと思います。

(1) 保育者の位置

まず、保育空間における保育者の位置取りといった、保育者の物理的な環境について考えてみましょう。保育のなかで、保育者がどのような位置をとるかということは保育にとって案外と重要なのです。つぎの例は、ある園の年長児クラスでのことです。

保育者は新聞の報道写真をみせながら、その内容について子どもたちとやりとりするといった実践をしていました。そこでは、子どもたちが座る椅子は、保育者を囲むように逆U字型に配置されていました。その結果、保育者の対面に座っている子どもには遠くて鮮明にみえないのです。また、保育者の近くに座っている側面の子どもも斜めになり見づらいことになります。保育者の説明が始まると、それらの何人かが、「見えないよ!」「見せて、見せて」と自分の席を立って前に出てきます。それが、ほかの子どもたちの前方をふさいでしまい、「見えないよ」と文句が出ます。保育者は、その様子に「静かに」「席に戻りなさい」「前に出てきたらダメでしょう!」と注意の声を張り上げていました。新聞の写真をめぐってのやりとりどころでなくなり、まさにしなくてすむような命令、注意、説教といった余分なことばが必要になってしまったのです。これでは保育の本来のねらいを果たさないままに貴重な保育の時間を使ってしまうことになります。

右のような子どもの行動を考えてみてください。その責任は子どもだけにあるようには思いません。子どもは、保育者とのやりとりに参加しようとして、必死になって見にくい子どもが席を立って前に出たのです。どうも、このような事態にいたった原因は、保育者の子どもへの位置取りの仕方に問題があったように思います。もし、子どもの席を保育者の前に扇状に配置すれば、この事態は起こらなかったのではないでしょうか。

このように、保育空間における保育者の物理的な位置取りは、思いのほか保育には重要な意味をもってくるのです。また、保育者の位置取りがちょっと悪いため、保育中の子どもたちの行動やことばが見えてこない、聞こえてこないといった保育者の行動をよく目にすることができます。保育者は保育中に子どもたちの間を回りますが、その際の対面する子どもへの位置取りも大切になります。自身の位置取りのまずさによって、せっかく子どもが話しかけているのに気づかないままにやり過ごすとか、子どもたちのやりとりを見逃したままに、そのあとトンチンカンないざこざの仲裁に入る、といったこともみられます。このような保育的な対応が続けば、「じぶんのことをしっかり見てくれていない、言ったことをしっかり聞いてくれない」と、保育者は子どもたちとの信頼関係を失うことにさえなります。その意味で、保育者は子どもの言動が敏感にとらえられるような位置取りにたえず配慮するべきです。

先の事例のように、保育者の位置取りの仕方が悪いため、せっかくの保育の流れが中断するとか、子どもの保育にとって不必要な保育者の命令、注意、指示が声高に必要にもなってしまうのです。その意味で、保育中の保育者の位置取りは、保育そのものとは一見関係がないようにみえて、子どもへの保育や子どもの育ちにとって重要な意味をもってくるのです。日々の保育において、保育者は子どもへの働きかけ方を云々《うんぬん》するだけでなく、子どもに向き合う自分の位置取りに対して配慮することが大切になります。それが、目配り、耳配り、すなわち心配りがきいた子どもへの保育を可能にしていくように思います。

(2) 空間の配置

家屋や建物の間取りによって、そこに住まう人の流れが変わってくることはよく経験するところです。人の動線が変わってくるからです。そのことがそこに住まう家族や構成員間の人間関係にも大きな影響をもちます。住居空間の配置や間取りの仕方が、人間関係さえつくっていくのです。ずっと以前、家政学か何かの講義で、家族関係がうまくいかない要因の一つとして家屋の間取りの悪さがあげられる、といった話を聞いたことがあります。また、空間における商品の配置が、購買行動に影響をもつことが今や常識的になっています。デパートやコンビニなどでは、商品の空間配置、すなわちどのように陳列棚を配置し、どこに商品を置くかが、その売れ行きにも大きく影響するそうです。

保育空間の構成や配置といったことについても同じことがあてはまるように思います。たとえば、おもちゃの棚を保育室のどの位置にどのようにおくかによって、おもちゃの利用のされ方がちがってくるのです。つぎの例は、親子の絵本指導に力を入れていたある園を訪れて経験したことです。保育室の絵本コーナーとは別に、親子で楽しめる畳敷きの絵本室がありました。ここには、園自慢でもあるたくさん集められた絵本が並べられています。しかし、絵本の並べられている棚の高さが、子どもの背丈より少し高いのです。そこに子どもが一人で行って利用しようとしても、自分たちだけではなかなか自由に絵本を手にすることができません。ましてや、踏み台が必要な上のほうの棚にある絵本はそうです。子どもにとって使い勝手が悪いのです。そんな子どもの様子を見聞きして、「絵本の陳列棚を子どもの目線にあわせてもっと低くすると、絵本室を利用する子どもたちは増えるのではないでしょうか。絵本に親しむという園のねらいによりかなったものにしていくのではないでしょうか」とアドバイスしました。これに類することは、園内や自分の保育室をちょっと注意して見回すと、結構みつかるのではないでしょうか。

このような保育環境の重要性はこれまであまり声高に指摘されることがなかったように思います。以下の事例も、しばしば訪れていたある園で体験したことです。

園の玄関を入った正面の廊下にベンチが置かれています。図8－1①のように、その廊下を少し行くと、廊下に沿って絵本コーナーの棚があり、その下にはアーチ型になったベンチがつ

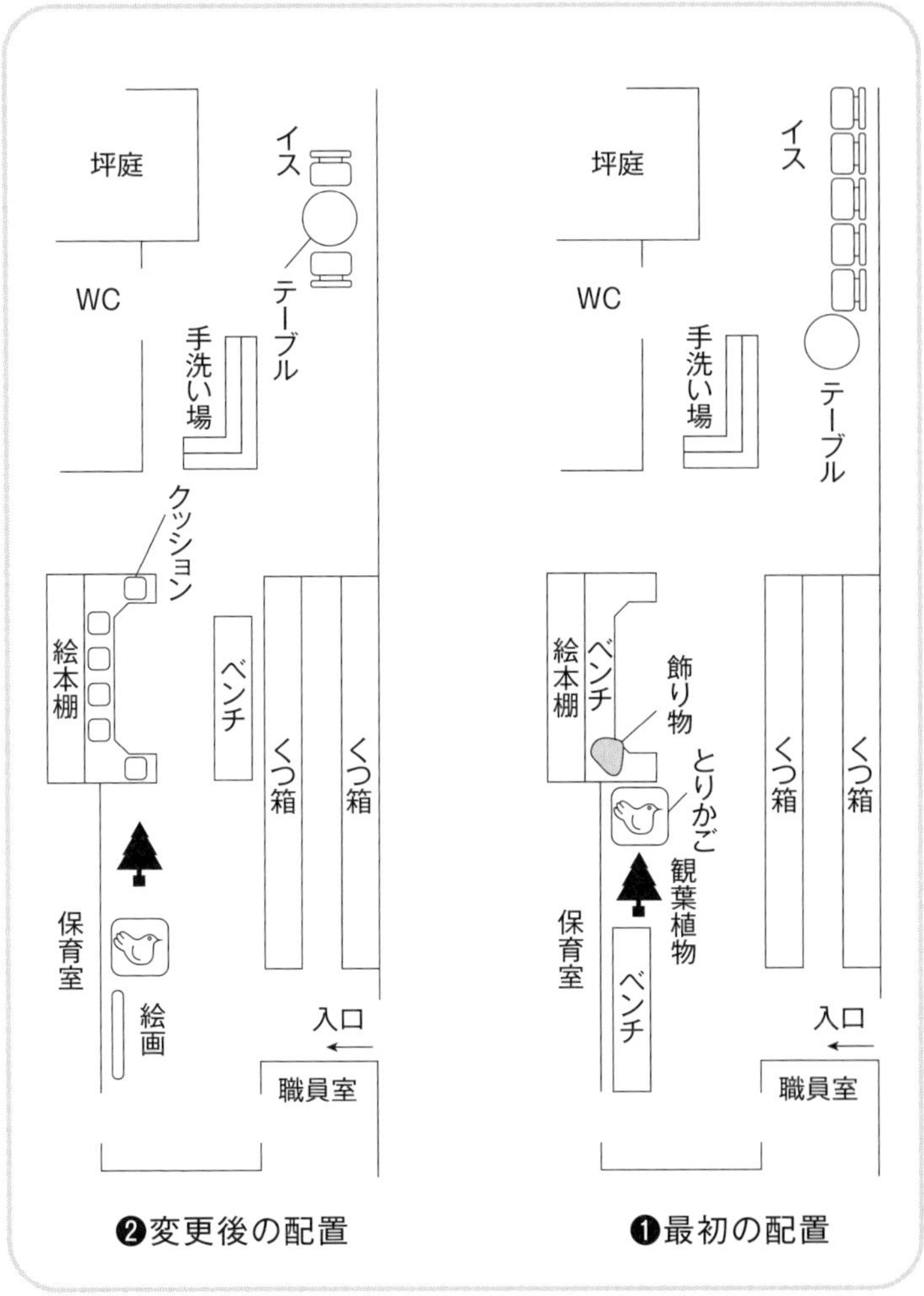

図８－１　保育空間の構成や配置の変更（岩田，1999）

くりつけてあります。その一端には大きな陶磁製の飾り物が占領していました。自由時間の子どもたちの動きをみていますと、せっかくのベンチコーナーで絵本を読んでいる者はほとんどいません。保育者の思惑どおりではないようです。そこで図８－１②のような空間配置の変更を提案してみました。

まず座って絵本を読むには邪魔な飾りを移動し、正面の廊下にあったベンチをアーチ型のベンチと廊下をはさんで対置したのです。そしてベンチには新たにクッションを置いてみました。すると、どうでしょう。子どもたちがそこに集まり、ベンチに対面して座りながら一緒に絵本を読み始めたのです。これは、配置の変化に伴う一時的なもの珍しさからだけではないようです。後日の報告によると、それ以降も、以前より絵本コーナーに集う子どもが増えたそうです。このように、ちょっと物理的な空間配置を変えただけで、それまではあまり利用されなかった絵本コーナーに子どもを誘い込むことになり、そこで仲間と一緒に絵本を読みながらやりとりをする場になったのです。

図８－１②をご覧になってわかるように、同じときに試みたもう一つの配置変化がありました。最初、子どもが通る廊下の途中に五脚ほどの椅子とテーブルが、坪庭に面する形で横並びに配置されていました。傍でじっと観察していると、保育者の思惑は外れ、子どもたちはそれらの椅子に座らないでみんな素通りしていくではありませんか。そこで、図のようにいくつか

の椅子を除き、テーブルに花を一輪さした花瓶をおき、それに向かい合わせて椅子を置いてみたのです。すると、しばらくして、それまでは見向きもされなかった椅子に落ち着いて座りながら、楽しそうに子どもたちがおしゃべりをしているではありませんか。

これに似たような経験をされた保育者もあると思います。ときに、ちょっとした保育空間の間取りや配置の工夫によって、子どもの動線が変わり、子どもたちの行動パターンが大きく変わってくるのです。

もちろん、このエピソードのような工夫の提案は、一つの例に過ぎません。大切なことは、〈なぜ期待していたような子どもの行動にならないのか〉〈このように空間配置を工夫してみたら、子どもの行動は変わるのではないか〉と、子どもたちの立場に立って、より望ましい保育空間を想像的に思いめぐらし工夫していく姿勢なのです。また、〈なぜこの場所や位置にこの物を配置するのか〉〈そのような配置は子どもにとって利用しやすいのか〉などを、子どもの身になって想像しながら環境づくりをしていくことが求められるのではないでしょうか。そのような保育環境への想像的な配慮が、子どもたちの能動的な活動を促し、子どもたちが豊かにかかわる保育の場を創造していくことにつながるのではないでしょうか。

4 中心としての環境

保育者は、保育のなかで子どもへさまざまに働きかけます。たとえば、子どもに指示する、介入する、子どもの遊びに一緒に加わる、絵本を読む、子どもの行動をほめる・叱る・励ますなどとあげていったらきりがありません。保育者は、そのように多様な働きかけを通して、子どもの育ちを支援する重要な人的環境となります。それだけではなく、子どもにとって大切な仲間との関係という人的環境をつくっていく人的環境としてあるのも保育者なのです。

保育環境はこのような人的な環境だけではありません。先にみてきたように、子どもたちを取り囲む物理的な環境も、それに劣らず子どもたちの育ちの大きな影響をもってくるのです。じつは、この物理的な保育環境を工夫・改善していくのも保育者なのです。その意味では、保育者は、保育の人的環境だけでなく、物理的な保育環境をも設定していく環境の中心となるのです。まさに保育者は、子どもたちの育ちに影響を与える保育の環境を組織化（オーガナイズ）していく中心的な役割を担うのです。保育者は、そのような役割の自覚をもって、日々の保育に臨む必要があるのではないでしょうか。

5 まとめに

保育の場に立つ保育者の子どもへの位置取り、保育室の物理的な環境づくりといった、直接の保育活動に関係がなさそうに思える要因が、じつは子どもを育てる大切な環境として非常に重要な意味をもっているように思います。以下のような経験はないでしょうか。

保育をしていても、子どもたちがいつまでもざわざわと落ち着かない、なかなか子どもへの指示が通らないケースがあります。そのようなとき、そのような行動の原因が保育者の位置取りの仕方や、保育室の構造によっているのではないかと思われるケースが見受けられます。また、保育のなかで子どもに何度注意しても、同じような事故がたびたび生じることがあります。子どもの不注意ということもありますが、その原因をよくみると、物理的な環境配置の側にも問題があるのではないかと思えることがあります。

このようなことがありました。ある園で、「廊下を走らない」ように保育者が繰り返し注意しても、廊下で出会いがしらにヒヤッとするような衝突が子どもたちに起こるのです。よくみると、保育室間を結ぶ廊下の動線がこのようなヒヤッとするような衝突が頻発する原因の一端にもなっていたのです。そのようなとき、園や保育者がそのような不都合な部分を解消・軽減する工夫や改善を試みると、子どもたちの行動が劇的に変わってくるのがみられます。

本章では、触れることができませんでしたが、〈どのような教具、教材をどれくらい準備するか、どこに置くか〉といったことも保育のなかでは、大切な物理的な保育の環境設定になってくるのでしょう。

このように多様な保育環境の中心的な構成者としての自覚こそ、保育者がよりよい保育環境を創造し、子どもへの想像力豊かな保育実践を可能にしていくのではないでしょうか。

■参考文献

岩田純一　一九九七　言葉を育むもう一つの環境　月刊国語教育研究　No.307. pp.78-79.

岩田純一　二〇〇五　子どもはどのようにして〈じぶん〉を発見するのか　フレーベル館

岩田純一　二〇一四　子どもの友だちづくりの世界――個の育ち・協同のめばえ・保育者のかかわり　金子書房

おわりに

今まで何冊かの著書を出版することができました。その折々、ご購入いただいた著書にサインを頼まれることがありますが、その際、そこにいくつかの言葉を添えます。それは「子どもに希望を語りたい」や「子どもたちが輝く保育をめざして」という文言です。前者の「子どもに……」という言い回しには、二つの意味が込められています。一つは、われわれ大人が〈子どもに向かって希望をもてるような未来を語りたい〉という思いです。それとは別に、もう一つの意味も込められています。それは、〈子どもに未来の希望を託したい〉という願いです。

後者の添え書きは、文字通りに、子どもたちの顔が生き生きと輝くような日々の保育の創造を願ったものです。保育の主人公は子どもたちです。一日の保育が終わって帰るとき、子どもたちが「今日もおもしろかった」「たのしかった」「あすも園に行きたい」と顔を輝かせるような保育の創造への願いを込めたものです。長年、幼児の発達研究や教育の現場に携わってきた者として、このたびの拙著においても、同じような思いや願いが込められています。

なお本書は、筆者の過去の論文、大阪成蹊短期大学での近畿ブロック保育士養成協議会における講演、富山大学附属幼稚園や石川県志賀町学校法人すばる幼稚園での保育研究協議会における講演、石川県保育士研修会での講演などにおいて話したことをもとにしています。なお、乳幼児教育の研究者である伴侶の岩田陽子には、いつものように、さまざまなアドバイスや現場の有益な情報を教えてもらいました。ここにあらためて感謝の辞を述べたいと思います。

さいごに、今回の出版にあたっても、前著に引き続いて、ふたたび金子書房編集部の渡部淳子氏には出版の労をとってもらい、いつものように丁寧な編集をしていただき多大なお世話になりました。この場をかりて心より厚くお礼を申し上げます。

二〇一六年夏

岩田純一

岩田純一　（いわた じゅんいち）

1946年京都市に生まれる。京都大学大学院教育学研究科修士課程修了、同大学大学院教育学研究科博士課程中退。1985年教育学博士取得（京都大学）。

国立国語研究所研究員、金沢大学教育学部助教授を経て、京都教育大学教授、同大学附属幼稚園園長ならびに京都大学大学院教育学研究科附属臨床教育実践センター客員教授、北陸学院大学人間総合学部教授を歴任。京都教育大学名誉教授。文部科学省中央教育審議会・幼児教育専門部会委員、中央教育審議会認定こども園教育専門部会委員などを務める。

著書に、『〈わたし〉の世界の成り立ち』（金子書房、1998年）、『〈わたし〉の発達――乳幼児が語る〈わたし〉の世界』（ミネルヴァ書房、2001年：日本保育学会保育学文献賞を受賞）、『子どもはどのようにして〈じぶん〉を発見するのか』（フレーベル館、2005年）、『子どもの発達の理解から保育へ――〈個と共同性〉を育てるために』（ミネルヴァ書房、2011年）、『子どもの友だちづくりの世界――個の育ち・協同のめばえ・保育者のかかわり』（金子書房、2014年）など。

保育の仕事
子どもの育ちをみつめて

2017年２月28日　初版第１刷発行　　　検印省略

著　者　岩田純一
発行者　金子紀子
発行所　株式会社　金子書房
〒112-0012東京都文京区大塚3-3-7
TEL03-3941-0111／FAX03-3941-0163
振替00180-9-103376
URL　http://www.kanekoshobo.co.jp

印刷／藤原印刷株式会社
製本／株式会社宮製本所

ISBN978-4-7608-3265-1　C3011　　Printed in Japan